Gerhard Voss

Musik des Weltalls
wiederentdecken

Christliche Astralmystik

Verlag Friedrich Pustet Regensburg

Imprimi potest
Niederaltaich, 4. April 1996
Abt Emmanuel Jungclaussen

Die Deutsche Bibliothek – CIP-Einheitsaufnahme

Voss, Gerhard:
Musik des Weltalls wiederentdecken : christliche Astralmystik /
Gerhard Voss. – Regensburg : Pustet, 1996
ISBN 3-7917-1529-1

ISBN 3-7917-1529-1
© 1996 by Verlag Friedrich Pustet, Regensburg
Umschlagmotiv aus: Weltchronik des Kosmâs Indikopleústes, 11. Jh.
Umschlaggestaltung: Peter Loeffler, Regensburg
Gesamtherstellung: Friedrich Pustet, Regensburg
Printed in Germany 1996

Inhaltsverzeichnis

Einführung:
Christliche Astralmystik

»Sonne der Gerechtigkeit« singen die Christen aller Konfessionen. Wenn sie in der Bibel bewandert sind, wissen sie, daß dieser Ausdruck beim Propheten Maleachi (3,20) steht. Jedenfalls sind sie, sofern sie gläubig sind, im allgemeinen darüber belehrt, was ihnen die Gerechtigkeit Gottes bedeutet. Aber warum »Sonne« der Gerechtigkeit?

Könnte es nicht sein, daß mehr als ganze dogmatische Traktate gerade die konkrete Erfahrung der Sonne dazu beitragen kann, uns eine Ahnung von der Gerechtigkeit Gottes zu vermitteln: die Erfahrung ihres Lichtes und ihrer Wärme, täglich neu, wenn auch oft erst nach grauen Nebeltagen wieder strahlend? Aber die Faszination der Rationalisierung und technischen Machbarkeit – vielleicht auch daraus erwachsene Bequemlichkeit – hat schon seit Jahrhunderten bis in die kirchliche Liturgie hinein das Verständnis für kosmische Symbole ausgehöhlt. Das natürliche Licht wurde jederzeit künstlich ersetzbar. Das II. Vatikanische Konzil mußte eigens einschärfen, daß die Stundengebete – die Laudes als Morgenlob, die Vesper als Abendlob und die Tagzeitengebete – »soweit wie möglich ihren zeitgerechten Ansatz wiedererhalten« sollen.[1] Der Gebrauch von Wasser bei der Taufe und von Brot und Wein in der Eucharistie war im Laufe der Zeit so reduziert worden, daß diese sakramentale »Materie« kaum noch ein wirkliches Symbol für das

»lebendige Wasser« (Joh 4,10) und das »Brot des Lebens« (Joh 6,35) war.

Es ist wohl bezeichnend, daß in der deutschen Übersetzung des Gebetes zur Taufwasserweihe in der Osternacht schlicht unbeachtet blieb, daß der überlieferte lateinische Text von der »Kreatur« Wasser und vom »Mysterium«, vom »Geheimnis« des Elementes Wasser spricht: Das Wasser, von dem hier die Rede ist, ist nicht nur H_2O, nicht nur Gleitmasse für Schiffe oder Energiespender für Kraftwerke. Nur weil ihm als Geschöpf Gottes ein Geheimnis innewohnt, kann es in der biblischen Geschichte von der Sintflut ein Bild der Taufe sein, die »der Sünde den Untergang und heiligem Leben einen neuen Anfang« bringt. Dieses Geheimnis entzieht sich, wenn das Wasser zum bloßen Material wird und nicht mehr »Materie« ist: *Mater-ia*. Das Wort »Materia« ist von »mater« = »Mutter« abgeleitet, deutet also an, daß wir als Menschen in ursprünglicher Verbundenheit mit allem Materiellen stehen. Honorius Augustodunensis, ein deutscher Theologe des 12. Jahrhunderts, steht im Strom breiter Überlieferung seit der Antike, wenn er schreibt: »Von der Erde bis zum Himmel herrscht das Maß einer himmlischen Musik, und sie erweist sich als das Vorbild für die unsrige … Daher wird der Mensch Mikrokosmos, d. h. Welt im Kleinen genannt.«[2] Der antike und mittelalterliche Mensch sah diese Musik gleichsam aufgezeichnet im Zusammenspiel der Planeten, die den himmlischen Tierkreis durchlaufen. Das ist ein Welt-Bild, das neuzeitlichem naturwissenschaftlichem Denken und Forschen fremd geworden ist. Diese Fremdheit ist jedoch nicht ohne Rückwirkung auf den Menschen geblieben. Sie hat ihn zum Fremden im Kosmos gemacht, zum

»Unbehausten«, wie es schon Goethes »Faust« empfindet.[3]

In ihrer Sehnsucht nach Selbstfindung und Verortung wenden sich viele heute neu kosmischer Religiosität und kosmischen Mythen zu, um im Einklang mit der »Musik des Weltalls« für sich Heil zu erfahren. Christlicher Glaube hält das für einen Irrweg, weiß er doch um die Disharmonien dieser Musik, um die Todverfallenheit dieser Welt. Seine Hoffnung richtet sich nicht auf eine stete Erneuerung des Lebens nach jedem winterlichen Absterben, sondern auf das Ewige Leben als Geschenk Gottes und Teilhabe an Seinem Leben. Christlicher Glaube erhofft eine Vollendung des Lebens, eines Lebens, für das es in der ewigen Vollendung bei Gott jedoch nur das eine und gleiche Wort gibt wie in der kosmischen Zerbrechlichkeit: Leben. Das göttliche Leben hat seine Analogien im kosmischen Leben. Darum ist für das Verständnis der Botschaft von diesem Leben entscheidend, was mittelalterlicher Philosophie selbstverständlich war: eine Hinwendung zu den (subjektiven) Sinneswahrnehmungen *(conversio ad phantasmata)*, um darin wie in einem Spiegel sich selbst zu erkennen und eine Veranschaulichung zu haben für das Wort, in dem Gott sich uns zu erkennen gibt.

Als ich den Auftrag erhielt, für die 3. Auflage des »Lexikons für Theologie und Kirche« neben dem historischen Überblick im Artikel »Astrologie« auch den Beitrag »Astralmythologie« zu schreiben[4], habe ich deshalb die Redaktion gebeten, das Stichwort »Astralmythologie« durch Hinzufügung des Wortes »Astralmystik« ergänzen zu dürfen. Das hier zu Behandelnde wäre meines Erachtens sonst nur unvollständig getroffen.

Von christlicher Astralmystik zu sprechen, fühle ich mich nicht zuletzt durch Hugo Rahner ermutigt. Er ist mir in meiner Innsbrucker Studienzeit nicht nur ein akademischer, sondern mehr noch ein geistlicher Lehrer geworden. Die Art und Weise, wie er mit großer menschlicher Weite die Theologie der Kirchenväter erschloß, war mir eine große Hilfe zum Verständnis der überlieferten liturgischen Texte und Gesänge. »Das christliche Mysterium von Sonne und Mond« und »Mysterium Lunae« sind zwei seiner Arbeiten in seinen beiden Sammelpublikationen »Griechische Mythen in christlicher Deutung« und »Symbole der Kirche« überschrieben.[5] Hier stößt man immer wieder auf Begriffe wie »Sonnenmystik«, »Mondmystik« und »Astralfrömmigkeit«. Damit meinte Hugo Rahner nicht bloß vorchristliche Mythosgläubigkeit, christlich rezipiert höchstens in distanziert reflektierender Mytho-Logie. Ausdrücklich spricht er auch von »christlicher Himmelsmystik« und »in christlichem Geist geschauter Astromystik«.

Selbstverständlich muß sich christliche Astralmystik zunächst einmal deutlich absetzen von allen, die die »Elementarmächte dieser Welt« (Gal 4,3; Kol 2,20) wie Götter verehren und fürchten und ihnen nur allzuoft versklavt sind. Von ihnen sagt das Buch der Weisheit (13,1 f.): »Beim Anblick der Werke erkannten sie den Meister nicht, sondern hielten das Feuer, den Wind, die flüchtige Luft, den Kreis der Gestirne, die gewaltige Flut oder die Himmelsleuchten für weltbeherrschende Götter.«

Dennoch sind für uns Sonne, Mond und Sterne nicht einfach »glühende Masse«, schreibt Origenes († um 253)[6], der in der nachbiblischen Geschichte der christlichen Theologie wohl einflußreichste Theologe.

Wenn wir vom »Tierkreis« sprechen, ist das ja nur eine ungenügende Übersetzung des griechischen Wortes »Zodiakos«: »Zodia« sind »Lebewesen«. Daß wir es bei den Elementarmächten, wenn sie auch keine Götter sind, dennoch mit »Lebewesen« zu tun haben, erklärt Origenes damit, daß diese Mächte unter der Herrschaft von Engeln stehen, die sich über die guten Taten der Menschen freuen und ihre Schlechtigkeit beweinen.[7] Schon in der vorchristlichen jüdischen Apokalyptik, hier vor allem im »Astronomischen Buch« des Äthiopischen Henochbuches[8], werden die Sterne als Engelwesen verstanden. Ihren Dienst im Kosmos üben sie gemäß göttlicher Vorherbestimmung aus. Das deutsche Wort »Engel« kommt vom griechischen Wort angelos = Bote. »In den biblischen Engeln erstehen die älteren heidnischen Götterboten in geläuterter Weise wieder . Doch im Gegensatz zu den vielen Herren der heidnischen Boten ist es in der Heiligen Schrift nur ein Herr, der die Engel sendet: jener, der sie als Gottessöhne geschaffen hat.«[9] Doch ist auch die Möglichkeit ins Auge zu fassen, daß sich Engel ihrer Bestimmung widersetzen, so daß es sündige Perversion auch in der kosmischen Ordnung geben kann und darum auch eine irrige Astrologie, wenn Sterndeuter im Banne der gefallenen Engel stehen. Darum bedarf es zum Verständnis der kosmischen Ordnung immer auch des deutenden Wortes und der ethischen Unterweisung aufgrund göttlicher Offenbarung.[10]

Origenes verweist auf das biblische Zeugnis, daß die Verfinsterung der Herzen die Menschen blind machte für Gott (Röm 1,21), daß aber auch die Sterne nicht rein sind in Gottes Augen (Ijob 25,4), weil sich die gesamte Schöpfung in der Sklaverei der Verderbnis befindet und seufzend auf die Erlösung wartet (Röm

8,21 f.). Grundsätzlich aber ist alles durch das göttliche WORT geworden und von diesem Ursprung her Bild und Gleichnis göttlicher Wirklichkeit.[11] Origenes kann darum die Sterne »himmlische Buchstaben«[12] nennen. Und diesen Sternen am Himmel entsprechen die Sterne »im Himmel unseres Herzens«[13]. Goethe hat diesen Zusammenhang in die Verse gekleidet:

> »Wär nicht das Auge sonnenhaft,
> Die Sonne könnt' es nie erblicken;
> Läg' nicht in uns des Gottes eigne Kraft,
> Wie könnt' uns Göttliches entzücken?«[14]

Diese Entsprechung zwischen dem Makrokosmos des Universums und dem Mikrokosmos Mensch ist die Grundlage astraler Mystik. Sie ist auch die Grundlage der nicht notwendigerweise mit solcher Mystik verbundenen Astrologie. Mit Astralmystik wie mit Astrologie gibt es sowohl einen christlich verantwortbaren als auch einen perversen Umgang.[15] Augustinus († 430) jedenfalls läßt sich dadurch, daß es auch eine abzulehnende Verehrung der Sonne, des Mondes und der Sterne gibt, nicht davon abhalten, diese himmlischen Geschöpfe wie auch viele irdische als Sinnbilder von Geheimnissen zu verstehen und entsprechend für die Mystagogie *(ad informationes mysticas)* zu verwenden.[16]

Christliche Astralmystik umfaßt also eine Aneignung astraler Phänomene in drei Schritten:

1. Eine symbolische (statt der heidnisch-mythischen) Qualifizierung astraler Phänomene

Christliche Mystik, wie sie uns in vielen altkirchlichen Hymnen wie auch in neueren Liedern begegnet, konzentriert sich auf die Sonne und sieht in ihr vor allem Christus. Folgende Bibelstellen sind hier besonders wirksam geworden (abgesehen von denen, die allgemein vom Licht sprechen):

Maleachi 3,20: »Für euch aber, die ihr meinen Namen fürchtet, wird die Sonne der Gerechtigkeit aufgehen, und ihre Flügel bringen Heilung.«

Lukas 1,78: »Durch die barmherzige Liebe unseres Gottes wird uns besuchen der Aufgang aus der Höhe.« Der Gesang des Zacharias, in dem dieser Vers steht, wird im Stundengebet der abendländischen Kirche täglich im Morgenlob gesungen.

Psalm 19,5 f.: »Dort (an den Enden der Erde) hat Er (Gott) der Sonne ein Zelt gebaut. Sie tritt aus ihrem Gemach hervor wie ein Bräutigam; sie frohlockt wie ein Held und läuft ihre Bahn ...« Die Antiphon zum Magnificat am Vorabend des Weihnachtsfestes nimmt dieses Bild auf: »Wenn die Sonne am Himmel ihren Lauf beginnt, schaut ihr den König der Könige. Wie ein Bräutigam aus seinem Gemach, so geht er aus dem Vater hervor.« Das griechische und das lateinische Wort für »Sonne« *(helios, sol)* ist männlich.

Markus 16,2: »Am ersten Tag der Woche kamen die Frauen zum Grab (Jesu), als eben die Sonne aufging.« Dieser Vers wird im Morgenlob am Ostersonntag als Antiphon zum Benedictus gesungen: Die aufgehende Sonne als kosmischer Kontext der Auferstehung Christi.

Doch sind alle kosmischen Symbole ambivalent. Die Sonne kann auch als blendend und sengend erfahren werden. Es gibt die Gefahr des Sonnenstiches. Und so findet in der Sonnensymbolik auch das Vertrauen seinen Ausdruck, daß »der Herr dir Schatten gibt: Bei Tag wird dir die Sonne nicht schaden, noch der Mond in der Nacht« (Ps 121,5 f.; vgl. auch Ps 91,5 f.; die lateinische Übersetzung spricht hier vom Mittagsdämon), desgleichen die Hoffnung auf den Tag, der keinen Abend kennt und der des Lichtes der Sonne und des Mondes nicht mehr bedarf, weil die Herrlichkeit Gottes dann zur Leuchte geworden ist (Jes 60,19 f.; Offb 21,12; 22,5).

Zu nennen ist insgesamt die astrale Symbolsprache der Johannesapokalypse, die Sonne, Mond und alle Planeten und auch die 12 Tierkreiszeichen einbezieht. In der kirchlichen Tradition weitergewirkt hat besonders das »große Zeichen am Himmel: eine Frau mit der Sonne bekleidet; der Mond unter ihren Füßen und ein Kranz von zwölf Sternen auf ihrem Haupt« (Offb 12,1).[17]

2. Die Entdeckung der mikrokosmischen Entsprechung der astralen Symbole

Als Beispiel sei hier aus dem Papst Gregor dem Großen zugeschriebenen Hymnus »Caeli Deus Sanctissime – Du, Gott des Himmels, heil'ger Gott« zitiert[18], der am Mittwoch in der Vesper gesungen wird und die Thematik des vierten Schöpfungstages aufgreift. Die zweite Strophe lautet:

> *Quarto die qui flammeam*
> *Solis rotam constituens,*
> *Lunae ministrans ordini*
> *Vagos recursus siderum.*

> Du schufst am vierten Schöpfungstag
> Der Sonne goldnes Flammenrad,
> Du gabst dem Monde sein Gesetz,
> Den Wandelsternen ihren Lauf.

In der vierten Strophe heißt es dann: »Illumina cor hominum – Erleuchte Du der Menschen Herz«. Ambrosius († 397) schreibt: »Wenn es für den Blinden ein Unglück ist, daß er das holde Licht dieser Sonne nicht schaut, welches Unglück für den Sünder, wenn er, der Wohltat des wahren Lichtes beraubt, die Finsternis ewiger Nacht erleiden muß.«[19] Im Deutschen ist es geläufig, von der »Sonne im Herzen« oder von einem »sonnigen Gemüt« zu sprechen.

Der 2. Petrusbrief (1,19) gebraucht das Bild vom Morgenstern, der mit dem anbrechenden Tag im Herzen aufgeht. Im Griechischen steht hier der für den Planeten Venus übliche, freilich nicht auf ihn beschränkte Name Phosphoros, lateinisch: Lucifer. Das Wort lucifer kann »im Sinne von ›Lichtträger‹ auf alle Gestirne angewendet werden, die Sonne inbegriffen«.[20] Venus jedoch ist für die christliche Symbolik insofern von besonderer Bedeutung, als dieser Planet nicht nur als Morgenstern, sondern auch als Abendstern am Himmel stehen kann, also Tod und Auferstehung symbolisiert: Nachdem er einige Monate lang als Abendstern zu sehen war, ist er eine Zeit lang unsichtbar, um dann neu als Morgenstern aufzugehen. Auch im »Osterlob« *(Exsultet)* der römischen Osternacht wird lucifer mit diesem Morgenstern identifiziert – oder ist doch die Morgensonne gemeint? –, wenn von der Osterkerze gesagt wird, daß der »morgendliche Lichtträger« *(lucifer matutinus)* sie noch brennend vorfinden möge: »Jener lucifer, der keinen Untergang kennt: Christus, … der, zurückgekehrt aus der Unterwelt, dem Menschengeschlecht in heiterem Glanze aufgestrahlt ist.«

Die mikrokosmische Entsprechung zum Mond kommt in dem deutschen Wort »Launen« zum Ausdruck, das von »luna«, dem lateinischen Wort für Mond, abgeleitet ist. *Luna* ist wie das entsprechende griechische Wort »selene« weiblich. Ambrosius schreibt: »Wenn dich schon die Abnahme der Mondscheibe traurig stimmt, die sich doch stets verjüngt und erneuert: viel trauriger muß es dich stimmen, wenn die Seele, nachdem sie im Tugendfortschritt bereits zur Vollkommenheit gelangt war, nachher wiederum so häufig ihrem Vorsatze untreu wird und aus Unbeständigkeit und Unbedachtsamkeit des Geistes ihren Eifer ändert ... Darum das Schriftwort: ›Der Tor ändert sich wie der Mond‹« (Sir 27,11).[21] Doch wenn man den Mond »nicht nach dem leiblichen Auge, sondern mit dem klaren Blick des Geistes« betrachte, dann künde er in seiner Entäußerung und wieder neuem Vollwerden »das Geheimnis Christi«. Zugleich sei Luna »Typus der Kirche«: zum einen in ihrem oftmaligen Wechsel von Abnahme und Zunahme und zum anderen vor allem, weil sie als Gefährtin des Sonnenballes von diesem ihr Licht habe und in seinem Glanze leuchte. So gleiche sie der Kirche und den gläubigen Menschen gemäß dem Wort des Apostels: »Nicht mehr ich lebe, sondern Christus lebt in mir« (Gal 12,20).[22]

Oftmals wird in kirchlichen Hymnen und Liedern auch der Frühling besungen in Verbindung mit dem Osterfest, für das immer streng darauf geachtet wurde, daß es gemäß Exodus 12,2 gefeiert wird, »wenn die Sonne den ersten Abschnitt des Sonnenkreises oder, wie einige ... es bezeichnet haben, des Tierkreises durchläuft«.[23] Kyrill von Alexandrien († 444) schreibt: »Dahin ist der trübe Anblick des Winters ... Alles wird wieder jung und steht neu in Blüte ... Preiswürdiger aber als alles andere ist dies: Mit der ganzen

Natur zusammen erhebt sich neu auch die Natur dessen, der alles auf Erden beherrscht, der Mensch. Denn es führt uns die Frühlingszeit die Auferstehung unseres Heilandes herauf, durch die wir alle umgewandelt werden in die Neuheit des Lebens ...«[24]

3. Eine Aufnahme astraler Symbolik in der kultischen Feier und in der ethischen Unterweisung

Hier ist von der Orientierung des kirchlichen Festkalenders an Sonne und Mond, an den Tierkreiszeichen und den Planeten zu sprechen, aber auch von der traditionellen Ostung der Kirchengebäude. Das soll im folgenden I. Kapitel geschehen – in aller Kürze, da es darüber bereits eine reichliche Literatur gibt. Neu, scheint mir, ist die Entdeckung, daß einzelnen liturgischen Texten und auch Texten geistlicher Weisung wie dem Kapitel »Über die Demut« in der benediktinischen Mönchsregel das System der Planeten bzw. der Tierkreis als anthropologisches Gliederungsprinzip zugrundeliegt.[25] Das wird an einzelnen Beispielen in den Kapiteln II bis IV ausgeführt. Ich habe die Hoffnung, daß dabei deutlich wird, daß die Wiederentdeckung der Musik des Weltalls in diesen Texten auch eine Konkretisierung und Vitalisierung ihrer geistlichen Aussagen bedeutet.

Eine eindrucksvolle Darstellung der Entsprechung von Planeten und Tugenden findet sich in Dantes »Göttlicher Kommödie«: Im Paradies gelangt der Dichter stufenweise zu den Planetensphären, in denen er jeweils Seelen solcher Vollendeten begegnet, deren tugendhafte Heiligkeit in astrologischer Deutung gerade dem Planeten entspricht, dem sie nun zugeordnet sind, und sie haben kein Verlangen, etwa zu einer höheren Sphäre aufzusteigen; denn jede und jeder hat seine Seligkeit in dem Kreis, der dem Willen Gottes für sie/ihn entspricht.

Solch ausdrückliche Thematisierung der kosmischen Entsprechung fehlt in den kirchlichen Texten, die hier vorgestellt werden. Nirgends in kirchlichen Texten finden die mythischen Namen der Tierkreiszeichen und der Planeten Erwähnung. Das ist verständlich, befand sich die Kirche in ihrer Frühzeit doch noch allzusehr in der Auseinandersetzung mit mythischem Aberglauben. Für den Mönchsvater Benedikt ist in seiner Lebensbeschreibung aus der Feder Papst Gregors des Großen († 604) bezeugt, daß sich in dem Kastell auf dem Monte Cassino, als Benedikt dort im Jahre 529 sein Kloster gründen wollte, noch ein Apollo-Heiligtum befand, das bei der Bevölkerung dort in hohen Ehren stand.[26] Beda Venerabilis († 735) berichtet, daß Papst Silvester I. († 335) statt der mythischen Wochentagsnamen für den Sonn-Tag die Bezeichnung »Tag des Herrn« (d. i. Tag Christi), für den Saturn-Tag die biblische Bezeichnung »Sabbat« (vgl. Joh 19,31) und für die dazwischen liegenden Wochentage in Anlehnung an die jüdische Praxis die mit Feria II für Montag beginnende durchlaufende Zählung eingeführt habe[27], die in der römischen Liturgie bis in unsere Zeit geläufig blieb. Außerhalb des kirchlichen Sprachgebrauchs konnte sich diese Praxis nicht durchsetzen. Doch bei kirchlichen Texten geriet offenbar mit der Zeit der kosmische Bezug in Vergessenheit. Daß dieser Bezug für die Disposition der hier vorgestellten Texte ursprünglich konstitutiv war, läßt sich mangels schriftlicher Zeugnisse nicht objektiv beweisen. Ihn zu erspüren bedarf es einer im Umgang mit seelischen Urbildern erfahrenen Sensibilität.

Für das Verständnis ethischer Weisung hat die Entdeckung der kosmischen Entsprechung freilich Konsequenzen, die in der kirchlichen Verkündigung in der Neuzeit kaum noch bedacht werden. Kosmische Bilder machen deutlich, daß Tugenden und Laster unterschiedliche Verwirklichungsweisen derselben Kräfte im Menschen sind: Gemäß der schöpfungsgemäßen kosmischen Ordnung gebraucht, erweist sich in ihnen das Leben. In egozentrischer Perversion führen sie zum Tod.

Geistliche Wegweisung bedarf der Gabe der Unterscheidung. Doch darf ihr Ziel nicht die Vernichtung und Abtötung der pervertierten Kräfte und Leidenschaften sein. Ziel muß vielmehr ihre Verwandlung und Integration sein. Das Kapitel »Über die Demut« in der Mönchsregel Benedikts mag, als geistliche Wegweisung im kosmischen Kontext gelesen, ein Beispiel für eine Astralmystik sein, die sich nicht in moralischen Imperativen erschöpft, sondern in der Tiefe der Leidenschaften einem Reifungsprozeß dient, in dem die Liebe immer mehr Gestalt gewinnt. Dieses Ziel lohnt wahrlich die Mühe, die verstummte Musik des Weltalls wiederzuentdecken und neu erklingen zu lassen.

I. Die Einwurzelung des christlichen Festkalenders im kosmischen Jahreskreis

Gedenktage der Völker oder auch in unserem eigenen Leben – der Geburtstag etwa – oder auch Gedenktage großer Persönlichkeiten werden gewöhnlich am Jahrestag des erinnerten Geschehens begangen. Das gilt in der Kirche für die meisten Heiligenfeste, nicht aber für die Feiern der zentralen christlichen Heilsereignisse. Weihnachten wird nicht am historischen Geburtstag Jesu gefeiert, sondern seit den Tagen Kaiser Konstantins – zunächst in Rom – am »Geburtsfest der Unbesiegten Sonne« am 25. Dezember als dem Datum der Wintersonnenwende, wie Julius Caesar es in dem nach ihm benannten Julianischen Kalender festgelegt hatte. In diesem römischen Kalender werden die Monatstage ursprünglich nicht fortlaufend gezählt. Der 25. Dezember hieß dort VIII. *(dies ante) Kalendas Januarii.* Kalendae, ein Lehnwort aus dem Griechischen (*kalein* = rufen), das in unserem Wort »Kalender« weiterlebt, bezeichnet den Tag, an dem ein neuer Monat »auszurufen« ist, den 1. Monatstag. Die Tage davor werden im römischen Kalender von den *Kalendae* ausgehend rückläufig gezählt, und zwar inklusiv, d. h. den betreffenden Tag und die *Kalendae* mitzählend. Der achte Tag vor den Kalenden des Januar ist nach unserer Zählung also der 25. Dezember, in einem Monat mit nur 30 Tagen ist *VIII. Kalendas* der 24. Tag. Wie den VIII. Tag vor den Kalenden des Januar als Tag der Wintersonnenwende, so hatte Caesar den jeweils VIII. Tag vor den Kalenden des April, Juli und Oktober als Daten für den Eintritt der drei anderen Jahreszeiten angesetzt, nach unserer Zählung also den 25. März für den Frühlingsbeginn, den 24. Juni für die Sommersonnenwende und den 24. September für den Herbstbeginn.

Wenn nun in aller Kürze von der Einwurzelung des christlichen Festkalenders im kosmischen Jahreskreis die Rede sein soll, dann ist das nicht so zu verstehen, als sei ein systematischer Jahreszyklus christlicher Feste sozusagen nachträglich im kosmischen Jahreskreis verankert worden. Jedes Fest hat seine eigene Entstehungsgeschichte. »Worum es eigentlich geht, ist die gottesdienstliche Gestaltung der vorgegebenen menschlichen Zeit, näherhin um den Gottesdienst im Rhythmus der Zeit.«[28]

1. Datumgebundene Feste

Das Weihnachtsfest hat wohl nicht darin seinen Ursprung, daß man für die Feier der Geburt Christi das historisch »richtige« Datum erforschte. Vielmehr ging es um eine christliche Korrektur der vorgegebenen und im Volk verbreiteten mythischen Feier der Wintersonnenwende. Papst Leo I. sagt in einer seiner Weihnachtspredigten, daß es sich für Christen nicht ziemt, am Geburtsfest der Sonne »von Anhöhen aus bei Anbruch des Tageslichtes die emporsteigende Sonne anzubeten«.[29] Die »wahre Sonne« ist für uns Christus. Indem wir uns dem im Fleisch sichtbar gewordenen Gott-Menschen zuwenden, erstrahlt den

Augen unseres Geistes das neue Licht der Herrlichkeit Gottes, so daß wir hingerissen werden zu einer leidenschaftlichen Liebe zu dem, was unsichtbar ist *(in invisibilium amorem rapiamus)*, heißt es in der alten Weihnachtspräfation der römischen Liturgie. Es ist der Ewige Sohn Gottes – »Licht vom Licht« –, der im Dunkel dieser Welt im Fleisch aufgestrahlt ist, nur den Augen eines gläubigen Herzens sichtbar. Und doch: Ihn besingt die Liturgie als »das neue Licht«, als die Sonne, die am Himmel ihren Lauf beginnt (1. Weihnachtsvesper, Magnificat-Antiphon), und wir feiern seine Geburt zur Zeit der Wintersonnenwende, »weil es sich ziemte, daß der Wirker des Ewigen Lichtes zugleich mit dem Wachsen des zeitlichen Lichtes empfangen und geboren wurde« (Beda Venerabilis).[30]

Älter als das römische Weihnachtfest ist das Fest der Epiphanie, der »Erscheinung«, am 6. Januar, vermutlich in Ägypten entstanden, und zwar als Fest der Taufe Christi zunächst wohl bei der gnostischen Gemeinschaft der Basilidianer: »Nach gnostischer Auffassung nimmt der Logos in der Taufe Besitz vom Menschen Jesus, wodurch er Sohn Gottes und der Christus wird. ... Die Verschmelzung der Menschennatur Jesu mit dem göttlichen Logos wird zudem auch gesehen als Heilige Hochzeit. So sind in dieser gnostischen Feier die Motive von Zeugung und Taufe mit dem Motiv des Lichtes und der Heiligen Hochzeit verbunden. Der Hauptakzent aber liegt auf dem historischen Ereignis der Taufe Jesu im Jordan. Die Frage bleibt offen, wann genau und auf welche Weise diese gnostische Tauffeier am 6. Januar zum Epiphaniefest der Großkirche in Ägypten wurde.«[31] Bis zur Einführung des Weihnachtsfestes gehörte zur Thematik dieses Festes auch die Menschwerdung und Geburt

Christi. Hugo Rahner schreibt: »Wir können mit genügender, wenngleich nicht mit vollster Sicherheit annehmen, daß man im Laufe des dritten Jahrhunderts in Alexandrien und dem übrigen Osten das christliche Fest eingeführt hat als Protest gegen heidnische Sonnenfeiern, die am 6. Januar stattfanden. ... Wir wissen ... , daß man ... in der Nacht zum 6. Januar das Mysterium des von einer Jungfrau geborenen Aion beging«.[32] Aion ist eine mythische Personifizierung göttlicher Lebenskraft, der unbegrenzten göttlichen Zeit, des ewig neuen Heute.[33]

Wenn die Geburt des neuen Sonnenlichtes in Ägypten erst am 6. Januar gefeiert wurde, mag das seinen Grund darin haben, daß nach der Wintersonnenwende die Tage zunächst keineswegs länger werden, morgens wird es sogar weiterhin täglich später hell. Es ist die »Zwölftzeit« der mit manchem apotropäischem Brauchtum verbundenen »Rauhnächte«. Erst um den 6. Januar erfolgt die Wende. Ursache dafür ist – geozentrisch gesprochen – die ungleichförmige Geschwindigkeit der Sonne in ihrer jährlichen Bahn: »Anfang Januar steht die Erde in ihrer elliptischen Bahn an dem der Sonne nächsten Punkt. [= Perihel, G. V.] Zu dieser Zeit bewegt sich die Sonne pro Tag um ein überdurchschnittlich großes Stück nach Osten. Deswegen findet ihr Aufgang später statt, als er bei gleichförmiger Geschwindigkeit der Sonne eintreten würde.«[34]

Dem Epiphaniefest ging im gallischen Bereich analog zu Ostern eine 40tägige Fastenzeit voraus, die, da dort an Samstagen und Sonntagen nicht gefastet wurde, am 11. November begann, an dem das Fest des hl. Martin begangen wird.[35] Der Advent, die heutige Vorbereitungszeit auf Weihnachten, deckt sich in etwa mit der

Zeit, in der die Sonne im Tierkreiszeichen Schütze steht, und findet dadurch auch eine gute Charakterisierung.[36]

Am 24. Juni, am Datum der Sommersonnenwende, wird das Geburtsfest Johannes des Täufers begangen. Beda Venerabilis schreibt: »Es entbehrt nicht des Geheimnisses, daß der Geburt des Johannes gedacht wird, wenn die Tage abzunehmen beginnen, und der Geburt des Herrn, wenn sie zuzunehmen beginnen.«[37] Wird doch vom Täufer das Wort überliefert, daß Christus zunehmen, er selbst aber abnehmen müsse, und das ist im griechischen Text des Johannesevangeliums (3,30) in einer Terminologie formuliert, mit der man auch vom zu- und abnehmenden Sonnen- und Mondlicht spricht.[38] In der Mitte des Jahres, auf ihrem Höhepunkt, beginnt sozusagen, unmerklich zunächst, aber doch unaufhaltsam, der Prozeß der abnehmenden Lebenskraft. Es beginnt die Zeit des Tierkreiszeichens Krebs, eine Zeit der Schwermut[39], die geprägt ist von der Symbolik des Mondes, der nicht im eigenen Licht erstrahlt, sondern in dem der Sonne: Möge nun der Glanz dessen, Der die wahre Sonne ist, in uns wachsen.

Für den 24. September, das Datum des Herbstbeginns, notierte das Römische Martyrologium früher das Gedächtnis der Empfängnis Johannes des Täufers. In der byzantinischen Ostkirche wird dieses Ereignis, das nach Lukas 1,36 etwa sechs Monate vor der Ankündigung der Geburt Jesu stattfand, heute noch als Fest begangen, in der lateinischen Kirche wohl seit dem 15. Jahrhundert nicht mehr. Das mit der Empfängnis beginnende neue Leben bedarf der Dunkelheit des mütterlichen Schoßes, um heranzuwachsen, bis es ans Licht treten kann.

Der 24. September war im kaiserlichen Rom auch der Beginn des Indiktionszyklusses, der vor allem für die Steuerberechnung von Bedeutung war. Im Ostteil des römischen Reiches, in Konstantinopel, lag der Indiktionsbeginn am 1. September. Dieser Tag ist im byzantinischen Festtagskalender bis heute der Beginn des Neuen Jahres. Um die Herbsttagundnachtgleiche beginnt mit dem 1. Tischri das Neue Jahr auch im heutigen jüdischen Kalender. Auch im altirischen Kalender begann das Jahr im Herbst, und hier, in einem Land im Norden, wo die dunklen Nächte des Winters sehr viel intensiver erfahren werden, war auch die astralmythische Bedeutung dieses Datums lebendig.[40] Die Zeit der Tagundnachtgleiche im Herbst, mit der die Dunkelheit übermächtig wird, ist gleichsam das Einfallstor für die Mächte des Todes. Doch steht das Hinabsteigen in die dunkle Tiefe des Grabes notwendigerweise vor der Auferstehung zu neuem Leben.

Zum eigentlichen Herbstfest wurde im christlichen Abendland das Fest des Erzengels Michael am 29. September. Michael gilt schon in der jüdischen Tradition als der besondere Vertraute Gottes. Im Neuen Testament (Offb 12,7ff.) ist er der Heerführer der Engel, der den »großen Drachen« besiegt.

Europa ist gleichsam in allen vier Himmelsrichtungen von markanten Michaelsheiligtümern umgeben[41]: Orte einer Erscheinung des Erzengels sind im Süden der Monte Gargano an der süditalienischen Adriaküste (am 8. Mai 495) und Rom und im Osten Chonae in Phrygien in Kleinasien (jahrhundertelang das Ziel der wohl ältesten Michaelswallfahrt). In Konstantinopel ließ Kaiser Konstantin am Bosporus das Michaelion erbauen. Im Norden Europas erinnert an diesen »Erzengel« (griechisch: *archangelos*) an der nördlichen

Küste Rußlands die Hafenstadt Archangelsk, 1613 so benannt nach einem nahe gelegenen alten Michaelskloster. Auch in Norwegen entstanden schon in der Zeit der ersten Missionierung Michaelskirchen. Ins 5. und 6. Jahrhundert geht die Michaelsverehrung in Irland zurück. Hier ist ein Michaelsheiligtum auf einer der Skellig-Inseln, dem westlichsten Punkt Irlands, vorgelagert. Der Westküste Englands vorgelagert erhebt sich der Mount St. Michael in Cornwall. Seit Anfang des 8. Jahrhunderts erhebt sich vor der französischen Atlantikküste der Mont-Saint-Michel, der im Mittelalter wohl berühmteste Ort einer Michaelswallfahrt.

In Westeuropa liegen die Orte besonderer Michaelsverehrung also vor allem im Westen, der dem Herbst entsprechenden Himmelsrichtung, in der allabendlich die Sonne untergeht. Im Unterschied zu Genesis 2,8 sucht die Tradition des Abendlandes auch das Paradies im Westen: im Garten des Hesperiden (vom griechischen »hespera« = Abend), im versunkenen Atlantis. Dem entspricht in den Kirchenbauten architektonisch die Westseite: »Die besondere Schutzfunktion Michaels vor dem Bösen, als Wächter des Paradieses und Abwehrer des Teufels, kommt zum Ausdruck in den Michaelsaltären der Westwerke großer Kirchen der Karolingerzeit ... Für den einzelnen Menschen wurde Michael zum Helfer im Tode. Zahllose Kirchhöfe, Sepulturkapellen und Karner tragen seinen Namen.«[42] Die christlich gewordenen Germanen erinnerte Michael an ihren ehemaligen Gott Wotan: »Wie Wotan die Seelen der gefallenen Helden in die Walhalla führt, so nimmt nach christlicher Vorstellung Michael die Seelen der abgeschiedenen Christen auf und geleitet sie ins Paradies.«[43]

Bis zur Liturgiereform nach dem II. Vatikanischen Konzil wurde in der Messe für Verstorbene im Blick auf diese gesungen: »Befreie sie vom Rachen des Bösen, daß die Unterwelt sie nicht verschlinge, daß sie nicht stürzen in Finsternis. Möge vielmehr der heilige Bannerträger Michael sie geleiten ins heilige Licht« (Offertorium).

Am 25. März wird – seit dem 6. Jahrhundert im Osten, seit dem 7. Jahrhundert auch im Westen – die Ankündigung der Geburt Jesu an Maria durch den Engel Gabriel gefeiert. Doch »längst vor der Entstehung des Verkündigungsfestes ist der 25. März als Datum wichtiger biblischer Ereignisse aufgefaßt worden.«[44] Besonders häufig wird die Passion Christi genannt.[45] Auch gab es vor der festen Bindung des Osterfestes an einen Sonntag verschiedene Gruppen – besonders in Gallien –, die die Kreuzigung Christi jährlich am 25. März feierten und damit offenbar das jüdische Datum des Pesachfestes, an dem Christus gekreuzigt worden ist, in den römischen Sonnenkalender übertrugen.[46] Das Römische Martyrologium gedachte bis in unsere Zeit am 25. März des Todes des mit Jesus gekreuzigten Verbrechers, dem Jesus verhieß: Heute noch wirst du mit mir im Paradies sein. Zur Thematik des jüdischen Pesachfestes gehört aber neben der Befreiung aus der Knechtschaft auch die Erschaffung der Welt und die Erwartung des Messias.[47] Der Tag des Frühlingsbeginns wird damit Gedächtnis der Schöpfung[48] und der Neuschöpfung und zugleich der Vollendung.

Als das Konzil von Nizäa (325) endgültig die Feier des Osterfestes auf den Sonntag nach dem 1. Frühlingsvollmond legte, war wegen des zu lang bemessenen Julianischen Jahres der Frühlingsbeginn inzwischen soweit vorgerückt, daß das Konzil ihn kalendarisch auf den 21. März festsetzte. Bei der Gregorianischen Kalenderreform von 1582 fühlte man sich wegen des Konzilsbeschlusses von Nizäa an dieses Datum gebunden, obwohl es damals auch Stimmen gab, die sich dafür einsetzten, den Kalender so einzurichten, daß der Frühlingsbeginn wieder auf den 25. März fiele. Sie konnten sich nicht durchsetzen. Der Zusammenhang, in dem die Feier der Menschwerdung ursprünglich stand, wird somit nicht mehr deutlich. Diese Feier hat sich vielmehr verselbständigt, wird heute sogar, falls der 25. März in die Kar- oder Osterwoche fällt, verschoben – im römischen Ritus jedenfalls, nicht im byzantinisch-ostkirchlichen. Damit wird einerseits der Vorrang des Osterfestes unterstrichen, andererseits gehört aber zur Tiefendimension der Bedeutung der Auferstehung Christi, daß der Menschensohn in Seinem Tod »im Herzen der Erde« war wie »Jona im Bauch des Fisches« (Mt 12,40). Sein Hinabsteigen ins Herz der Erde aber beginnt mit Seiner Inkarnation.

In der ostkirchlichen Ikonographie wird die Geburt Christi aus Maria immer in einer Höhle dargestellt, und in den Windeln in der Krippe werden schon die Grabestücher vorausgeschaut. Als Maria das Wort Gottes mit dem Herzen aufnahm, wurde ihr Schoß zu dem Ort, an dem der Sohn Gottes der Erde Sein neues Leben eingepflanzt hat. In der byzantinischen Liturgietradition heißt es im Tropar zur Vesper am 20. Dezember: »Der Lebensbaum entsproß aus einer Jungfrau in der Höhle; ihr Leib nämlich erschien als geistiges Paradies, worinnen die Göttliche Frucht, von der wir essen und leben, und nicht wie Adam sterben: Christus wird geboren, um das gefallene Bild wieder aufzurichten.«[49]

Inkarnation und Auferstehung Christi zusammen begründen theologisch, was das Apostolische Glaubensbekenntnis die Gemeinschaft der Heiligen *(communio sanctorum)* nennt. Das Licht Christi, der wahren Sonne, findet in jedem Glied Seines Leibes eine besondere Ausprägung. In jeder der Heiligengestalten geht dieses Licht sozusagen auf je eigene Weise auf. Das findet in der Architektur vieler alter Kirchen darin einen Ausdruck, daß die grundsätzliche Ausrichtung dieser Kirchen auf das im Osten aufgehende Licht eine mehr oder weniger starke Abweichung nach Süden oder Norden aufweist, entweder insgesamt oder bloß im Chorraum, so daß dessen Achse gegenüber der des Langhauses abgeknickt ist. Den Achsenknick erklärte man gewöhnlich mit äußeren Gründen – Geländeanpassung, Unfähigkeit der Baumeister, Abweichung des Julianischen Kalenders von der Wirklichkeit – oder als symbolische Neigung des Hauptes Christi. Inzwischen liegen jedoch mehrere Untersuchungen vor, die in vielen Fällen für die Abweichung die Ansicht stützen, »die Kirchen könnten nach dem Sonnenaufgang am Tage ihres Titelheiligen gerichtet sein«.[50] Besonders der Achsenknick verbindet dann also symbolisch die Grundausrichtung auf Christus, die wahre Sonne, datumgebunden mit der Brechung dieses Lichtes in einer konkreten von Christus durchleuchteten Heiligengestalt.

2. Ostern im Zusammenspiel von Sonne und Mond, von Tierkreis und Planeten

Wenn im 12. Kapitel des Buches Exodus der 14. des 1. Monats als das Datum angegeben wird, an dem die Lämmer für das Pesachfest zu schlachten sind, dann ist das eine Kalenderangabe, die Sonne und Mond berücksichtigt: Mit dem 1. Monat ist hier der Frühlingsmonat Nizan gemeint. Monate aber sind im jüdischen Kalender mit Mondzyklen identisch. Das aber bedeutet, daß die Nacht nach dem 14. Tag eines Monats immer eine Vollmondnacht ist. Im Exsultet, dem großen Lobpreis der Osternacht in der römischen Liturgie, kann es deshalb – Psalm 139,12 aufnehmend – heißen: »Dies ist die Nacht, von der geschrieben steht: Und die Nacht wird wie der Tag erleuchtet werden, und die Nacht ist mein Licht zu meiner Wonne.« Im christlichen Kalender fand damit aufgrund des jüdischen Erbes wieder mehr als im altrömischen Kalender auch der Mond Berücksichtigung. Und bis vor wenigen Jahren wurde bei der Verlesung des Römischen Martyrologiums im Stundengebet der Kirche (während der Prim) für jeden Tag nicht nur das Monatsdatum angegeben, sondern auch das Mondalter innerhalb der laufenden Mondperiode – beginnend mit Luna I am Neumondtag. Um dieses kalendarisch zu bestimmen, braucht man nur die für das betreffende Jahr gültige »Epakte« zu kennen, das Alter des Mondes am Neujahrstag. Sie war in den Kalendern angegeben.

Mit Nachdruck wurde bei der Osterfestberechnung immer darauf geachtet, daß auch das christliche Pascha »im 1. Monat gefeiert wird« – nicht zu früh, aber auch nicht zu spät[51], weil »das Pascha zuerst in Ägypten eingesetzt wurde zum Andenken daran, daß die Kinder Israels ein Lamm aßen als Typus des wahren Lammes am (Voll-)Mond des 1. Monats.«[52] Der Sonntag der Auferstehung Jesu darf erst *nach* dem Frühlingsbeginn gefeiert werden, weil er ja dem Tag Seiner Kreuzigung nachfolgen muß. Akzeptabel ist unter

Umständen, wenn der Ostersonntag über den 1. Monat hinausgeht: »Wenn nur der Tag der Passion innerhalb der Grenze bleibt, wäre das kein Überschreiten.«[53]
Die Feier der Kreuzigung Jesu fällt also immer in die Zeit, in der die Sonne im Tierkreiszeichen Widder steht. Ein Widder ist ein männliches Lamm, das Tier, das gemäß dem 12. Kapitel des Buches Exodus das eigentliche Symbol des Pesachfestes ist, das von daher aber auch ein wichtiges Symbol ist für die Deutung des Kreuzestodes Jesu: Christus ist unser »Osterlamm« (1 Kor 5,7). Freilich sprechen wir im Blick auf Ostern nicht vom Widder, sondern vom Lamm. Einen vergleichbaren Unterschied in der Terminologie haben wir auch im Hebräischen, Griechischen und Lateinischen. Unser Osterlamm übersteigt in seiner heilsgeschichtlichen Bedeutung die kosmische Symbolik. Und doch ist es das Urbild für den Umgang mit der kosmischen Gabe des »Widders« in uns.[54] Die vorausgehende Bußzeit steht im Zeichen Fische, die österliche Festzeit im Zeichen Stier.
Der 14. Nizan fällt Jahr für Jahr auf einen anderen Wochentag. Der christliche Ostertermin will aber auch den Wochentagen der geschichtlichen Ereignisse gerecht werden: »Jesus ist am Venustag gestorben, lag am Tag des Saturns im Grab und ist erstanden am Tag des Helios.«[55] Vor allem hielt man immer für bedeutsam, daß Christus an einem Sonn-Tag auferstanden ist. Aber auch der Tag Seiner Grabesruhe findet seine Deutung durch den ihm zugeordneten Planeten, den Saturn, der als der letzte der sichtbaren Planeten das »Ende« (als Vollendung und Grenze) alles geschaffenen Lebens symbolisiert, zugleich aber auch die Grenzüberschreitung zum Jenseitigen.[56]

Daß der Planet Venus, der einmal als Abendstern und ein anderes Mal als Morgenstern am Himmel steht, Tod und Auferstehung symbolisiert, wurde schon gesagt. Er charakterisiert aber auch die Bedeutung des Sterbens Christi. Venus symbolisiert Ausgeglichenheit, Gerechtigkeit, in Liebe sich vollziehende Vereinigung, jene Harmonie des Lebens also, die das Ziel innerweltlicher kosmischer Religiosität ist. Sie wird angesichts der »Macht der Finsternis« (Lk 22,53) durch das Kreuz als Illusion überführt. Hier bestätigt sich, was von der Schlange, dem Symbol harmonischer Vereinigung mit dem Kosmos, schon am Anfang der Bibel gesagt ist. »Erhöht« aber ist die Schlange auch in der Bibel Zeichen des Lebens (Num 21,8f), Zeichen für den am Kreuz erhöhten Christus (Joh 3,14).[57] Denn die Liebe Gottes zur Welt (zum *kosmos*), die Hingabe des Sohnes Gottes, seine Vereinigung mit der Welt kommt im Kreuz Christi zur Vollendung. In seiner christlichen Deutung als Lebensbaum verweist das Kreuz auf das Paradies. »Die Sonne verdunkelte sich« (Lk 23,45), doch geborgen in den Händen Seines Vaters (Lk 23,46) kann Jesus einem der mit Ihm Gekreuzigten sagen: »Heute noch wirst du mit mir im Paradies sein« (Lk 23,43).

Als der – nach biblischer Zählung – 6. Tag der Woche erinnert der Freitag an den sechsten Tag der Schöpfungswoche, an dem der Mensch erschaffen wurde und mit ihm und für ihn das Paradies. Zur Paradiessymbolik gehört auch, daß dem Menschen ursprünglich – im Paradies – nur »alle grünen Pflanzen zur Nahrung« gegeben wurden (Gen 1,30). Erst nach der Sintflut wird im Noachbund den Menschen auch tierische Nahrung erlaubt; doch ist damit »Furcht und Schrecken« vor den Menschen verbunden (Gen 9,2).

In der endzeitlichen Vollendung werden jedoch wieder paradiesische Zustände herrschen: Die Bäume des Lebens werden jeden Monat Früchte tragen zur Nahrung, und ihre Blätter werden zur Heilung der Völker dienen (Offb 22,2). Die Fremdheit zwischen dem Menschen und der übrigen Schöpfung wird dann überwunden sein (vgl. Jes 11,8). Hier liegt der tiefere Grund für den alten kirchlichen Brauch, am Freitag kein Fleisch zu essen. Der Venustag als Tag der Erlösung durch das Kreuz Christi ist zugleich der Tag, an dem der Blick sich auf das Paradies richtet, an dem es darum gilt, im liebende Umgang mit der ganzen Schöpfung sozusagen das Paradies einzuüben.

Das Matthäusevangelium erzählt im 17. Kapitel die Verklärung Jesu. Dabei wird deutlich gemacht, daß in der »Erscheinung« des Verklärten Der aufstrahlt, den die Jünger als den »von den Toten Auferstandenen« bezeugen (Mt 17,9): »Sein Gesicht leuchtete wie die Sonne, und seine Kleider wurden blendend weiß wie das Licht« (Mt 17,2). Wenn es zu Beginn der Erzählung ausdrücklich heißt, daß diese Erscheinung sich »nach sechs Tagen ereignete« (Mt 17,1), dürfte auch das ein Hinweis auf den sechsten Schöpfungstag sein, den Tag, an dem der Mensch erschaffen wurde. Damit wird deutlich: In diesem Bild des Auferstandenen strahlt der Neue Mensch auf, an dem sich das Wort des Propheten Jesaja erfüllt: »Deine Sonne geht nicht mehr unter, und dein Mond nimmt nicht mehr ab« (Jes 60,20). Als eine Weisung zu diesem Ziel in der Nachfolge Christi erweist es sich, wenn – wie im folgenden Kapitel ausgeführt wird – der Mönchsvater Benedikt seine geistliche Weisung in Parallele zum kosmischen Tierkreis entfaltet.

II. Die benediktinischen Demutstufen als Weisung für den kosmischen Tierkreis im Menschen

»Über die Demut« ist der zentrale Text geistlicher Wegweisung in der Mönchsregel des heiligen BENE-DIKT überschrieben, das siebte Kapitel dieser Regel (= RB).[58] Es beginnt mit dem Wort der Heiligen Schrift: »Wer sich selbst erhöht, wird erniedrigt, wer sich aber selbst erniedrigt, wird erhöht werden« (Lk 18,14). Im Lateinischen ist es dasselbe Wort »humilis«, das wir im Deutschen das eine Mal mit »demütig«, das andere Mal mit »niedrig« übersetzen. »Humilis« ist von »humus« = »Erdboden« abgeleitet. »Sich erhöhen« oder auch »Hochmut« wäre demnach ein Hochhinaus-Wollen, das zugleich ein Abheben vom Erdboden ist, durch das man in Wahrheit jedoch zu Fall kommt, zu Boden fällt, so daß man nun am Boden liegt, nicht mehr *im* Boden und dort verwurzelt, son-dern entwurzelt am Boden. Wahre Erhöhung – gemäß den Kategorien des Himmelreiches – ist nicht ein Hochhinaus-Wollen über die vorgegebenen Möglich-keiten hinaus, sondern ein Aufstieg, bei dem man auf dem Boden der Realität des gegenwärtigen Lebens voranschreitet.

BENEDIKT entfaltet den Weg der Demut in 12 Stufen *(gradus)*. Daß es sich dabei nicht um eine graduelle Steigerung asketischer Leistungen handelt, wird sofort deutlich, wenn beispielsweise auf der dritten Stufe vom Mönch in der Nachfolge Christi vollkommener Gehorsam bis in den Tod (gemäß Phil 2,5) gefordert wird, auf der zehnten Stufe dagegen »lediglich« – ist man versucht zu sagen – Zurückhaltung im Lachen. Es geht offenbar um eine schrittweise Durchformung des ganzen Menschen, eine Durchformung, deren Ziel die Gottesliebe (67) ist.

Über die »Disposition« der Stufenfolge des Demutweges befragt, unternimmt Bernhard von Clairvaux einen psychologisch einfühlsamen Versuch, den gegenläufigen Weg des Hochmuts nachzuzeichnen, auf dem sich der Mensch mehr und mehr in der Zerstreuung, in der Ausschweifung, in der Entfremdung verliert.[59] Aber es bleibt ein sehr subjektives Nachzeichnen.

Ich möchte zeigen, daß bei BENEDIKT die zwölf Stufen der Demut in Entsprechung zu den zwölf kosmischen Zeichen des Tierkreises konzipiert sind: Den durch die Tierkreiszeichen charakterisierten Lebensaufgaben entspricht jeweils eine der benediktinischen Demutstufen als geistliche Wegweisung. Es ist also – scheint mir – von Hermann Hesse durchaus richtig erspürt, wenn es in seinem »Glasperlenspiel« ausgerechnet ein Benediktinermönch ist, der einerseits Verständnis zeigt für die »Musik des Weltalls«, andererseits aber zum Ausdruck bringt, daß wir auch auf die »Musik der Meister«[60] zu hören haben, soll die Einübung in die Sprache des Kosmos nicht eine intellektuell-ästhetische Spielerei bleiben, ohne konkrete Verbindlichkeit und ohne Ziel. Durch die »Musik des Weltalls« wird andererseits der konkrete »Sitz im Leben« der geistlichen Weisung deutlich.

Daß sich in den einzelnen Tierkreiszeichen die verschiedenen Gaben und die ihnen entsprechenden Auf-

gaben des Menschen, typische Entfaltungsmöglich-
keiten und Probleme des menschlichen Reifungs-
prozesses also, widerspiegeln – und damit auch unterschiedliche Menschentypen, entsprechend den
unterschiedlichen Begabungen und Temperamenten –,
das war offenbar in der Antike eine geläufige Vorstellung, unabhängig von der Einstellung zur Astrologie
im einzelnen: Der Mensch wird in der Antike und im
Mittelalter verstanden als ein Mikrokosmos in Entsprechung zum Makrokosmos des Universums.

Mir scheint, daß entsprechend dieser Vorstellung die
gleiche Logik des Tierkreises auch den Mahnungen
des Apostels PAULUS im 12. Kapitel (VV. 9-21) des
Römerbriefes zugrunde liegt. Die Tierkreiszeichen
gehören als lebende Wesen (»zodia«) zu den »Elementarmächten der Welt«[61], von denen PAULUS in seinem
Brief an die Galater (Kap. 4) sagt, daß wir in Christus
aus ihrer Herrschaft befreit sind. Trotzdem sieht der
Apostel sich veranlaßt, davor zu warnen, ihnen von
neuem dienstbar zu werden. Wenn er also parallel zu
den Tierkreiszeichen seine Mahnungen formuliert,
dann macht er damit deutlich, worauf es jeweils
ankommt, wenn statt des »alten«, von den Elementarmächten beherrschten weltlichen Denkens das in
Christus erneuerte Denken zur Wirkung kommen
soll: »Gleicht euch nicht dieser Welt an, sondern wandelt euch und erneuert euer Denken ... Strebt nicht
über das hinaus, was euch zukommt, sondern strebt
danach, besonnen zu sein, jeder nach dem Maß des
Glaubens, das Gott ihm zugeteilt hat« (Röm 12,2f.).

So ist wohl auch der Stufenweg der Demut zu verste-
hen, den BENEDIKT seinen Mönchen vor Augen stellt.
Auch FRANZ VON ASSISI scheint noch den Tierkreis als
Ordnungsprinzip geistlicher Wegweisung zu kennen.

Zumindest scheint er ihm im 27. Kapitel seiner Admonitiones zu folgen. Dieses auch stilistisch auffällige Kapitel ist überschrieben: »Von der Tugend, die das Laster verjagt«.[62] FRANZ stellt hier einen Katalog von zwölf Tugenden ebenso vielen Lastern gegenüber.

Neben BENEDIKT, PAULUS und FRANZ VON ASSISI zitiere ich durchlaufend einen modernen Autor, den Amerikaner DANE RUDHYAR (1895–1985)[63], einen der Begründer der heutigen, psychologisch orientierten Astrologie. In den vierziger Jahren unseres Jahrhunderts hat er eine – einem »Beichtspiegel« (wie er sagt) vergleichbare – Wegweisung für den »inneren Weg« vorgelegt, bei der der Autor im Unterschied zu PAULUS, BENEDIKT und FRANZISKUS ausdrücklich vom Tierkreis ausgeht und jedem einzelnen Tierkreiszeichen eine bestimmte Geistesgabe zuweist, die angesichts der jeweils typischen Gefährdungen nötig ist, damit die diesem Tierkreiszeichen entsprechende menschliche Anlage sich voll entfalten kann.[64] RUDHYAR schreibt: »Jedes menschliche Individuum ist in sich selbst ein ganzer Tierkreis. … Es enthält in sich alle Arten menschlicher Reaktionen auf das Leben, und die charakteristischen Eigenschaften eines jeden einzelnen der zwölf Tierkreiszeichen wirken in ihm in unterschiedlicher Intensität. Aber einige dieser Eigenschaften … überwiegen. Und ein solches Überwiegen bestimmt den Typus, zu dem das Individuum gehört, also seinen hervorstechenden Tierkreistypus … Da jeder Typus vorherrschend eine bestimmte Reaktionsweise auf das Leben aufweist, gibt es bei jedem Typus immer die Tendenz, seine jeweiligen charakteristischen Haltungen zu übertreiben. Auf diese Weise entsteht Disharmonie durch Übertreibung, Krankheit des Körpers und der Seele durch Beengung und Verbildung. ... Psychische und physische Gesundheit kann nur wiedererlangt werden, wenn irgendeine Kraft das gestörte Gleichgewicht der ganzen Persönlichkeit wiederherzustellen versucht, indem sie die unterentwickelte Funktion belebt.«[65]

Für BENEDIKT ist es der Heilige Geist (70), der die Gottesliebe in denen zur Vollendung bringt, die »alle Stufen auf dem Weg der Demut erstiegen« haben (67), alle Stufen auf der »Leiter«, deren Holme »unser Leib und unsere Seele« sind (9). Das Bild der Leiter bringt zum Ausdruck, daß diese Gottesliebe Gabe und Aufgabe ist: Daß sie zur »Gewohnheit« wird, hat zur Voraussetzung, daß man an sich »arbeitet« (70) im Gehorsam gegenüber der Weisung Christi.

Um sich mit der symbolischen Bedeutung der einzelnen Tierkreiszeichen vertraut zu machen, ist es hilfreich, assoziativ mitzuberücksichtigen, wie sie in der kosmischen Weisheit der Antike charakterisiert sind durch ihre Stellung in der jeweiligen Jahreszeit, durch die Zuordnung jeweils eines der Planeten, eines der vier kosmischen Elemente (Feuer, Erde, Luft und Wasser) und des entsprechenden Temperamentes, in psychosomatischer Bezogenheit auch eines Gliedes oder Organes des menschlichen Körpers und schließlich auch durch ihre Namen, ihre bildliche Darstellung und die Sigel, mit denen sie bezeichnet werden.

Der Tierkreis beginnt mit dem Zeichen Widder, in das die Sonne um den 21. März tritt. Stellt man den Tierkreis so dar, daß dieser Punkt der Frühlingstagundnachtgleiche gerade am »Aszendenten« liegt, an dem Punkt also, an dem die Sonne am Tagesbeginn im Osten am Horizont aufgeht, dann liegt dieser Punkt in einer schematischen Darstellung des Tierkreises gerade da, wo der als waagerechte Horizont-Linie eingezeichnete Durchmesser links auf den Kreis trifft. Der Reigen der Tierkreiszeichen geht von diesem Punkt aus zunächst in die Tiefe – bis in die seelische Tiefe des Lunaren im vierten Zeichen. Alle vier Elemente haben in diesem ersten Drittel je einmal ihren Ausdruck gefunden. Die vier Zeichen des zweiten Drittels gruppieren sich um den Deszendenten. Im letzten Drittel läuft der Tierkreis dann sozusagen oben herum zum Anfang zurück. »Anfang« bedeutet in dieser Bildsprache zugleich »Ursprung«, das Ich in seiner Ursprünglichkeit. Der dem Aszendenten gegenüberliegende Deszendent symbolisiert die Begegnung mit dem Gegenüber, mit dem Du, als Aufgabe für die Ich-Werdung. »Oben« meint den Bereich des Tagesbewußtseins und des Wirkens in der Öffentlichkeit.

Charakterisiert wird durch jedes Zeichen zum einen eine bestimmte Lebenserfahrung, mit der sich jeder Mensch auseinandersetzen muß, zum anderen aber der Menschentyp, für den diese Erfahrung in besonderer Weise grundlegend und schicksalhaft prägend ist. (Ausgangspunkt und Autor dieser Darstellung bringen es mit sich, daß hier eine männliche Perspektive vorherrscht.)

Solch kosmische Persönlichkeitscharakterisierungen finden wir – wie sich zeigen wird – auch in der Heiligen Schrift Alten wie Neuen Testaments. Selbstverständlich bleibt bei solchen assoziativ vorgehenden Charakterisierungen immer ein gewisser Spielraum der Konkretion. Und es liegt in der Natur der Sache, daß die im folgenden dargestellten Entsprechungen zwischen Tierkreiszeichen und geistlicher Wegweisung sich nicht im strikten Sinn beweisen lassen und eine gewisse Erfahrung im Umgang mit kosmischen Symbolen voraussetzen.

Die 1. Stufe der Demut - im Zeichen »Widder«

♈ Mit der Frühlingstagundnachtgleiche (um den 21. März) tritt die Sonne im Laufe des Jahreskreises für unsere Wahrnehmung in jenen Abschnitt ihrer Bahn, der astrologisch *Widder* heißt. Dieser Name ist Symbol dafür, daß sich in dieser Zeit in der Natur wie in uns selbst neu die Triebkräfte des Lebens regen, vergleichbar der aufbrechenden, aber noch sprunghaften Vitalität eines jungen Widders. Astrologisch ist Widder ein *kardinales,* das erste Drittel einer Jahreszeit markierendes Zeichen. Zugeordnet sind ihm der die Antriebsstärke symbolisierende Planet *Mars* und von den Elementen das Feuer – entsprechend das *cholerische* Temperament –, das in Verbindung mit Mars den Charakter des Hitzigen und Fiebernden trägt. Der Widder ist also ein ausgesprochen jungenhafter Typ, dem die Vitalität elementarer Triebhaftigkeit, große Spontaneität und Aktivität eignen – so freilich, daß dabei oft »der Gaul durchgeht«, verbunden also mit vorschnellen, unüberlegten Reaktionen und auch mangelnder Sensibilität. Wie muß hier die Wegweisung lauten für den Reifungsprozeß?

Bei dieser Frage ist mitzubedenken, daß dem Zeichen Widder von den Körperteilen der *Kopf,* das *Haupt* zugeordnet ist. Was für den Widdertyp besonders charakteristisch ist – für ihn auch augenfälligstes Problem, wie mit solcher Vitalität umzugehen ist –, das ist für alle Menschen die »Haupt«-Sache, die der Klärung bedarf, grundlegend für alle weiteren Schritte des geistig-geistlichen Wachstums. Und die Wegweisung, die hier zu geben ist, hat haupt-sächlich den Kopf anzusprechen, zunächst schlicht als die Mahnung, »vernünftig« zu leben. DANE RUDHYAR schreibt: »Der impulsive und initiierende Menschentypus neigt dazu, krampfartig, angespannt und unkontrolliert zu handeln... Wer nach Widderart handelt, muß lernen, seine Kraftausbrüche an den natürlichen Rhythmus wie auch an die Art der menschlichen Bedürfnisse anzupassen.«[66] Ohne solche Anpassung »wird er früher oder später einen physischen, psychischen oder moralischen Zusammenbruch erleiden«[67].

Darüber hinaus aber müssen Menschen des Widdertyps auch lernen, entschieden auf das zu setzen, was letztlich allein zu der Identität und Größe führt, zu der sie berufen sind. Diese Grundentscheidung nicht nur zur Anpassung, sondern zur »Mühe des Gehorsams« ist nach BENEDIKT die Voraussetzung dafür, daß wir zu dem zurückkehren, den wir durch unsere Eigenwilligkeit – »durch die Trägheit des Ungehorsams« (RB, Prol. 2) – verlassen haben. So ist es nicht verwunderlich, daß die erste Stufe der Demut im Vergleich zu den folgenden im weitaus längsten Text behandelt wird. Hier geht es um (ewiges) Leben und Tod. Ziel der ersten Stufe ist die »Gottesfurcht«. Sie soll unser Denken, unser Wollen und unser Begehren so sehr gemäß den Geboten Gottes prägen, daß wir vor Gott bestehen können, ja in diesen unseren Strebungen bei Ihm sind. Denn davon ist BENEDIKT überzeugt: Er ist in ihnen gegenwärtig. Ihm ist darum nichts verborgen. Bei Ihm zu sein heißt zugleich aber auch, bei sich selber zu sein, die eigene Identität gefunden zu haben. Die Wortwahl BENEDIKTs zielt auf bewußte Steuerung, zugleich Ehrlichkeit und Wachsamkeit gegenüber allem Fehlverhalten: sich hüten, erwägen, auf der Hut sein, beachten, in acht nehmen.

Zunächst spricht BENEDIKT von den *Gedanken.* Wir

merken gewöhnlich gar nicht, wie sehr wir in ihnen gesteuert sein können von der »Bosheit« in unserem Herzen, wie sehr unser Denken dann verkehrt (»pervers«), in die falsche Richtung gelenkt sein kann und wir selbst dann nichts mehr »taugen«. Wir wundern uns höchstens, wenn es uns Kopfschmerzen bereitet, wenn Gott uns – wie BENEDIKT mit Psalm 7,10 sagt – »auf Herz und Nieren« prüft.

Auch unser *Wollen* kann, ohne daß wir uns dessen bewußt sind, falsch ausgerichtet sein, wenn wir in unserer Eigenwilligkeit »Wege gehen, die den Menschen richtig scheinen« (Spr 16,25), dabei aber in unserer Wachsamkeit »nachlässig« sind und gar nicht merken, daß »korrumpierte Gelüste« (Ps 14,1) mehr und mehr unser Wollen bestimmen. BENEDIKT erinnert an die Vaterunser-Bitte: »Dein Wille geschehe«, in uns.

Es mag überraschen – und sollte in der Übersetzung nicht abgeschwächt werden –, wenn es dann weiter heißt, daß wir glauben (!), daß Gott auch in den *Begierden des Fleisches* uns immer gegenwärtig ist (23). Der Begriff »Begierden des Fleisches« ist biblisch (vgl. Gal 5,16 und Eph 2,3) eindeutig negativ geprägt. PAULUS zählt auf, wohin das Begehren des Fleisches führt, wenn man ihm nachgeht: »Unzucht, Unsittlichkeit, ausschweifendes Leben, Götzendienst, Zauberei, Feindschaften, Streit, Eifersucht, Jähzorn, Eigennutz, Spaltungen, Parteiungen, Neid und Mißgunst, Trink- und Eßgelage und ähnliches mehr« (Gal 5,19-21). »Nehmen wir uns also vor jeder bösen Begierde in acht; denn der Tod steht an der Schwelle der Lust«, schreibt BENEDIKT (24). Aber wenn wir glauben, daß auch darin Gott gegenwärtig ist, dann gibt es hier auch eine Möglichkeit der Erlösung, der »Bekehrung zum Besseren« (30), eine Umwandlung des Lebens nach dem Fleisch in ein Leben aus dem Geist, dessen Frucht »Liebe, Freude, Friede, Langmut, Freundlichkeit, Güte, Treue, Sanftmut und Selbstbeherrschung« ist (Gal 5,22 f.). Nicht eine Vernichtung der Begierden ist das Ziel – sie wäre letztlich doch bloß eine Verdrängung –, sondern die Verwandlung und Integrierung der ganzen menschlichen Vitalität mit all ihren Leidenschaften in die Leidenschaft der Liebe. Denn das ist ja der Grund, warum »der Tod an der Schwelle der Lust steht« (24): weil diese Lust, wenn sie den Begierden des Fleisches entspricht, lieblos ist und abgespalten von dem Geist, der allein Leben schafft, und darum zerstörerisch, letztlich selbstzerstörerisch.

Der ersten Stufe der Demut entsprechen bei PAULUS die Mahnungen des ersten Verses (Röm 12,9) innerhalb des Abschnittes Röm 12,9-21: »Eure Liebe sei ohne Heuchelei. Verabscheut das Böse, haltet fest am Guten!« Im Griechischen steht hier für Liebe: *agape*. Nicht *eros*. Eros meint im Unterschied zu Agape die spontan aufbrechende Leidenschaft, die Begeisterung, die in der ersten Begegnung aufflammt. Solcher Eros steht in der Gefahr, alle Grenzen zu durchbrechen. Um auf Dauer konstruktiv zu sein in der Entschiedenheit für das Gute, muß der Eros einen Reifungsprozeß durchlaufen und zur Agape werden, die ganz wesentlich auch ehrliche Hingabe einschließt und die Fähigkeit und Bereitschaft zum Opfer.

Was hier wie eine bloß individualethische Mahnung klingt, ist letztlich ein kosmisches Gesetz, das auch darin seinen Ausdruck findet, daß Pesach – Pascha – Ostern, das wichtigste Fest der Erlösung im Alten wie im Neuen Testament, jährlich im Zeichen Widder gefeiert wird und als zentrales Symbol ein junges männliches Lamm hat, also einen jungen Widder, der

Gott als Opfer dargebracht wird zum Ausdruck dafür, daß nicht wir mit unserem Denken, Wollen und Begehren das Leben planen und machen können, daß vielmehr alles Leben Geschenk ist und alle unsere Fähigkeiten Gaben sind, die wir Ihm verdanken und die erst in der Hingabe ihre Erfüllung finden. Hingabe meint ja – auch wenn sie uns aufgegeben ist – nicht Selbstaufgabe, selbst dann nicht, wenn sie sich nach dem Gesetz des Weizenkorns vollzieht, das zunächst in die Erde fallen und sterben muß (vgl. Joh 12,24). Hingabe bedeutet, alle Selbstherrlichkeit hinter sich lassend, sich selbst einzubringen mit den je eigenen Gaben, mit der je eigenen Berufung, als ein Glied am Gesamt des Leibes Christi, wie PAULUS sagt (Röm 12,5).

Christus selbst wurde als unser Osterlamm geschlachtet (1 Kor 5,7), da Er am Rüsttag vor dem Paschafest zu jener Stunde am Kreuz starb, als im Tempel die Paschalämmer geschlachtet wurden, unter Wahrung der Vorschrift, die für diese galt, auch für Ihn: daß kein Gebein zerbrochen wird (Ex 12,46; Joh 19,36). Er ist der Widder, den wir in unser »Haus« (Ex 12,3) holen sollen als Urbild für den Umgang mit der kosmischen Gabe des Widders in uns.

Das Urbild des »Widders« im Alten Testament ist Abraham. Er verläßt auf den Ruf Gottes hin sein Vaterhaus, er bricht auf und wird damit zum Ursprung des Segens für alle Völker. In seiner Gottesfurcht ist er bereit, seinen einzigen Sohn hinzugeben, zu opfern. Gott zeigt ihm einen Widder, den er »statt seines Sohnes als Brandopfer darbrachte« (Gen 22,13). Und Gott verheißt ihm Nachkommen, »zahlreich wie die Sterne am Himmel«.

Im Neuen Testament ist Petrus ein ausgesprochener

Widdertyp. Der Name Kephas (»Fels«), den Jesus ihm gibt (Joh 1,42), ist stammverwandt mit den deutschen Wörtern »Kuppe« und »Kopf« (griechisch: »kefale«). Seinem Wesen nach wird er als ein Feuerkopf dargestellt, der schnell die Initiative ergreift und spontan, manchmal ungestüm und unüberlegt handelt (vgl. Joh 13,8f. 24.37; 18,10 – hier nach dem Schwert greifend –; 21,7), der spontan zu einem großen Bekenntnis fähig ist, in seiner Verleugnung Jesu sich aber mit gleicher Spontaneität und Unüberlegtheit auch als unbeständig erweist und dabei sogar seine Identität negiert – in der Spontaneität der Furcht. Petrus ist aber auch der einzige in den Evangelien, der bekennt, daß er Jesus liebt. Und da wird er, der »Widder«, von Jesus nicht nur vorsichtig auf seine Unbeständigkeit aufmerksam gemacht und zur Trauerarbeit geführt, sondern nun auch selbst zum Hirten bestellt (Joh 21,15-17). »Die vollkommene Liebe vertreibt die Furcht« (1 Joh 4,18). »Liebe« ist auch der erste und grundlegende Begriff in der 27. Admonitio des FRANZISKUS VON ASSISI: »Wo Liebe ist …, dort gibt es keine Furcht.« Im Lateinischen steht hier Caritas, das lateinische Pendant zu Agape.

Die 2. Stufe der Demut – im Zeichen »Stier«

♉ *Stier,* das zweite Tierkreiszeichen, in das die Sonne um den 21. April tritt, ist ein *stabiles* Zeichen, d.h., ein Zeichen, in dem die jeweilige Jahreszeit, in diesem Fall der Frühling, voll da ist. Dem Zeichen Stier zugeordnet sind von den Planeten die *Venus,* ein »weiblicher« Planet also, von den Elementen die *Erde* – oder besser: die Erdhaftigkeit – und entsprechend von den Temperamenten das »erdhafte«, die *Melancholie,* die in Verbindung mit Venus freilich anders geprägt ist als mit Merkur im Zeichen Jungfrau und mit Saturn im Zeichen Steinbock. Venushafte Melancholie ist charakteristisch für den Konflikt zwischen der Verhaftung an die Erde und dem Verlangen nach einer Liebe, die im Irdischen niemals voll ihr Genügen findet.

Ein Stiertyp im Alten Testament ist Isaak. Schon sein Name ist venushaft: Nach der Deutung, die die Bibel gibt (vgl. Gen 18,12ff.; 21,6), ist dieser Name vom hebräischen Wort *zachak* abgeleitet, das gewöhnlich mit »lachen« übersetzt wird. Dieses Wort findet sich in einer Partizipialform aber auch in Genesis 26,8, wo es heißt, daß Isaak seine Frau Rebekka »liebkoste«, woran Abimelech, der zum Fenster hineinschaut, erkennt, daß Rebekka Isaaks Frau und nicht, wie er vorgegeben hatte, seine Schwester ist. Gemeint ist also ein Lachen, das Ausdruck von Lust ist.

Große Taten werden von Isaak nicht berichtet. Sein hochbetagter Vater Abraham übernimmt es, ihm, obwohl er schon 40 Jahre alt ist (25,20), eine Frau zu besorgen (24). Isaak führte sie, die »sehr schön« war (24,16; 26,7), »in das Zelt seiner Mutter Sara. ... Er gewann sie lieb und tröstete sich so über den Verlust seiner Mutter« (24,67). Sie aber verstand es, ihm ein »leckeres Mahl« zu bereiten, wie er es »gerne mochte« (27,14), und so die Regie zu übernehmen.

Initiativ ist Isaak nur im Gebet »für seine Frau, denn sie war kinderlos« (Gen 25,21), und im Wiederherstellen und Graben von Brunnen (Gen 26,18-22.32f.). Er säte und erntete hundertfach, so daß er »reicher und reicher« wurde, bis er »sehr wohlhabend war« (26,12f.). Der Segen Gottes ruhte auf ihm um seines

Vaters Abraham willen. Gott verschaffte ihm »weiten Raum« und ließ ihn »im Land fruchtbar« werden (26,22). Konflikten jedoch weicht Isaak aus (26,7.9.17.22). Als sein Sohn Jakob ihn hintergeht, läßt er den Dingen ihren Lauf.

Im Neuen Testament ist ein Stiertyp Nathanael, ein »wahrer Israelit, ein Mann ohne Falschheit« (Joh 1,47), dennoch nicht ohne Skepsis, die ihn nicht gleich Feuer und Flamme sein läßt (1,46). Dafür ist sein Bekenntnis dann um so fester (1,49). Jesus hat ihn »unter dem Feigenbaum« gesehen (1,48). Daß »ein jeder unter seinem Weinstock und seinem Feigenbaum sitzt«, ist ein biblischer Ausdruck für Frieden und Sicherheit (1 Kön 5,5; 1 Makk 14,12) und für das verheißene Glück der Heilszeit »am Ende der Tage« (Mich 4,4; Sach 2,10). Jesus verheißt dem Nathanael, daß er »noch Größeres sehen« werde: »den Himmel geöffnet und die Engel Gottes auf- und niedersteigen über dem Menschensohn« (1,50f.), das Bild der Leiter oder Treppe, das Jakob im Traum sah und in dem Gott sich ihm als der Gott Abrahams und Isaaks offenbart und ihm das »Land«, auf dem er liegt, als Besitz verheißt (Gen 28,12f.) – ein Bild, das BENEDIKT aufgreift (6) in seiner Einleitung zum Zwölfstufenweg der Demut. Ziel dieses Stufenweges ist für BENEDIKT »jene vollendete Gottesliebe«, in der der Mönch das, »was er bisher nicht ohne Angst beobachtet hat, von nun an ganz mühelos ... aus Liebe zu Christus, aus guter Gewohnheit und aus Freude *(dilectatione!)* an der Tugend« einhalten kann (67-69).

Fast scheint es, als sei der »Stier« schon am Ziel. In der Tat kann der Stier – so wie er sich uns, wiederkäuend auf der Weide liegend, einprägt – ein Bild genießerischer Ruhe und natürlicher Harmonie sein und selbstgenügsame Zufriedenheit ausstrahlen, solange er hat, was er braucht. Da wirkt er bedächtig, ja träge. Aber die Selbstgenügsamkeit täuscht. Der Stier ist auch reizbar, er kann wild werden. Dann ist er, alles niederstampfend, nicht nur gefährlich, dann kann er in seiner Urkraft auch faszinierend sein, zum Kampf herausfordernd. Und es ist offen, ob der Torero Sieger bleibt. In somatischer Entsprechung ist dem Zeichen Stier der Nacken zugeordnet: Der Stier kann hartnäckig sein. Gerade da, im Nacken, haben wir vielfach unsere Verspanntheiten. Unsere Nerven sind dort gebündelt.

Die Bibel (Ex 32) erzählt, daß sich das Volk in der Wüste aus Schmuckstücken ein goldenes Stierbildnis machte – die Bibel nennt es verächtlich »Kalb« – und statt des Lebendigen Gottes dieses selbstgemachte materielle Bild anbetete und sich vor ihm vergnügte. Für DANE RUDHYAR ist »Loslösung« von solchen falschen, unnatürlichen Bindungen die Botschaft für den Stiertyp, die ihm hilft, zu sich selbst zu finden: »Denn in der symbolischen Sprache des Tierkreises stellt der Stier jene Person dar, die prinzipiell in ihrer Bindung an die Natur in erdgeborenen Organismen lebt. Diese Bindung an den Rhythmus des Universums und die Identifikation damit kann große Schönheit und einen außerordentlichen Reichtum an Reaktionen auf Liebe und Leben erzeugen, und in einem Zeitalter mechanischer Künstlichkeit wie dem unsrigen können die Eigenschaften des Stieres sehr wertvoll sein. Der Stier ist ein großartiges Glied der Bindung an das ›Leben‹.«[68]

Das kommt darin zum Ausdruck, daß der Stier in besonderer Weise das Symbol des Evangelisten Lukas ist, jenes Evangelisten also, der der Überlieferung nach Arzt war und der jedenfalls in seinem Evangelium

Jesus vor allem als Den darstellt, Der sich heilend den Menschen zuwandte.

BENEDIKT konzentriert sich auf der zweiten Stufe der Demut ganz auf die Mahnung, den Eigenwillen nicht zu lieben und am eigenen Begehren keine Lust zu haben. Denn: »Eigensinn führt zur Strafe, Bindung erwirbt die Krone« (33). Neu gegenüber der Warnung vor dem Eigenwillen auf der ersten Stufe und typisch venushaft ist, daß Eigenwilligkeit hier nicht als Nachlässigkeit charakterisiert wird, daß vielmehr von Liebe zum eigenen Willen, von der Lust am Begehren die Rede ist. Aber solche Lust bleibt letztendlich nicht ohne »Strafe«. Darum muß mit ihr der Kampf aufgenommen werden dadurch, daß man eine Bindung eingeht, durch die man die »Krone«, d. h., den Sieg erringt. Urbild für die Bindung, die das Ziel der zweiten Demutstufe darstellt, ist für BENEDIKT das Selbstverständnis Christi, der gekommen ist, »den Willen dessen zu tun, der mich gesandt hat« (Joh 6,38). Wie der Widder ist auch der Stier – wie es beider Sigel zum Ausdruck bringt – ein Tier mit Hörnern, ein Opfertier. Hingabe ist für den Stiertyp aber nicht wie für den Widdertyp die rechte Haltung Gott gegenüber, die Voraussetzung ist für die Entfaltung der Gabe des Lebens. Für den Stiertyp und entsprechend auf der zweiten Stufe der Demut ist Hingabe die »Bindung« an eine Sendung. Sie ist für ihn die »Krönung« des Lebens. Es ist nicht zu übersehen, daß die Wegweisung der zweiten Stufe – im Unterschied zur ersten – einen ausgesprochen asketischen Lebensstil im Auge hat. Die ganze Liebesfähigkeit des Mönches soll ihre Erfüllung finden in der Teilhabe an der Sendung Christi.

PAULUS hat dagegen im zweiten Vers seiner Mahnungen (Röm 12,10) das unmittelbare Miteinander der Gläubigen im Auge (für das BENEDIKT an anderer Stelle, nämlich im 72. Kapitel, mit fast den gleichen Worten Sorge trägt): »Seid einander in geschwisterlicher Liebe zugetan, übertrefft euch in gegenseitiger Achtung«. Im Vers vorher war gesagt, wie die Liebe sein soll, die selbst als gegeben vorausgesetzt war. Hier nun, wo zur gegenseitigen Liebe aufgefordert wird, steht nicht *agape,* sondern *philia.* Damit ist mehr die Zuneigung gemeint, mit der man einen Menschen (oder im umfassenden Sinn das »Leben«) lieb hat, weil man an ihm Gefallen findet. Philia ist jene Liebe, deren Symbol die Venus ist. Sie steht in einer doppelten Gefahr: daß nämlich solche Liebe – vergleichbar der Lust am eigenen Willen – zu narzißtischer Selbstgefälligkeit oder zu bloßem Haben-Wollen verkümmert und dann, wenn sie unerfüllt bleibt, in Verachtung und Haß umschlägt. PAULUS will dieser Gefahr offenbar dadurch wehren, daß er die Gläubigen auf ihre geschwisterliche Verbundenheit in Christus hinweist und die Ehrerbietung anmahnt, die sie als Glieder am Leibe Christi einander schuldig sind. Insofern ist nicht nur der Eros, sondern auch diese Liebe der Philia kultivierbar, eines Wachstumsprozesses fähig, und zwar entsprechend dem Bemühen, aneinander Gefallen zu finden.

Philia ist nicht so spontan wie der Eros. Philia braucht ihre Zeit, um auf den Geschmack zu kommen. Das klingt mit, wenn FRANZISKUS in seiner 27. Admonitio neben der Caritas als zweiten Begriff die Sapientia herausstellt: »Wo *sapientia* ist, dort gibt es keine *ignorantia*«. Sapientia übersetzen wir im Deutschen mit »Weisheit«, und das hängt sprachlich mit »Wissen« zusammen. Das lateinische Wort aber ist von *sapere* abgeleitet, und das heißt »schmecken«, »genießen«. »Weise« ist, wer in rechter Weise das Leben zu »schmecken«, zu »genießen« versteht. Das Gegenteil, die Ignorantia, ist nicht einfach nur Nichtwissen, sondern das Ergebnis eines Ignorierens. Weisheit kann es darum nur (wie FRANZISKUS es zum Ausdruck bringt) in Verbindung mit der Caritas geben. Beide gehören zusammen, wie für BENEDIKT die beiden ersten Stufen der Demut mit ihrer gemeinsamen Problematik menschlicher Eigenwilligkeit aufs engste zusammengehören.

Die 3. Stufe der Demut - im Zeichen »Zwillinge«

♊ Das Tierkreiszeichen *Zwillinge,* in das die Sonne um den 21. Mai tritt, ist ein *fallendes* Zeichen: Es kündigt sich schon der Übergang zur folgenden Jahreszeit an. Noch steht die Sonne im Zeichen Zwillinge in der Jugend des Jahres, im Frühling, bis sie zu ihrem Höhepunkt kommt, der dann zugleich der Wendepunkt ist: die Sommersonnenwende. Der zugehörige Planet ist der *Merkur,* griechisch: Hermes. Er steht mythologisch für Kombination und Kommunikation: für geschicktes Handeln (Merkur ist der Gott der Kaufleute wie der Diebe), für Sinnerschließung (Hermeneutik) und Wegweisung (Hermetik), und heute noch sind einige Zeitungen nach ihm benannt. Von den Elementen ist dem Zeichen Zwillinge die *Luft* zugeordnet. Pneuma, das griechische Wort für Luft und Wind, kann auch den Geist bezeichnen, ebenso aber auch den Atem. Der Ton und die Stimme sind also die besonderen Ausdrucksweisen dieses Elements. Vor allem aber zeichnet sich der Zwillingstyp durch klares Bewußtsein aus, durch Rationalität, aber auch durch eine schmetterlinghafte Rastlosigkeit – quirlig, ja wechselhaft und unausgeglichen auch in den Stimmungen (einmal himmelhoch jauchzend, das andere Mal zu Tode betrübt), leicht auch aufbrausend im Zorn, oft ungestüm suchend, fragend und drängend, schnell sich dann für Neues begeistern lassend – heute für dieses, morgen für jenes –, dabei leicht auch als »Luftikus« oberflächlich dahintänzelnd. Das zugehörige Temperament ist das *sanguinische.*

Zwillinge gehört zu den wenigen Zeichen, die nicht den Namen eines Tieres tragen: Es geht hier nicht um den animalisch-vitalen Bereich. Zwillingskinder, durch die dieses Zeichen gewöhnlich dargestellt wird, deuten auf die vielen Ambivalenzen, die sich im Leben auftun, zunächst freilich noch knospenhaft, noch nicht ausgereift. Das übliche Sigel – zwei leicht zueinander gebogene Striche, darüber und darunter je ein Bogen, ebenfalls zur Mitte hin einander zugewandt – deutet eine polare Zusammengehörigkeit von Unterschiedlichem, aber Gleichwertigem an. Die zugeordneten Körperteile sind die beiden *Schultern* und *Arme,* die der Mensch braucht, um zu tragen und zu handeln, zu geben und zu empfangen, sie dabei unterschiedlich einsetzend: Die meisten Menschen sind mit der »Rechten« geschickter. Die »Linke« – sagt man – »kommt vom Herzen«, aber sie gilt als »linkisch«, weil man mit ihr nichts Rechtes »machen« kann.

DANE RUDHYAR sieht in der »Kunst, die Dinge geschehen zu lassen«, das, was der Zwillingstyp lernen muß: »Dieser Typus ist von lebhaftem Eifer und heller Neugier nach Wissen und Erfahrungen erfüllt. Wie ein Student, der die typische Darstellungsform des Zwillingsmenschen ist, empfindet der Zwillingstypus, …

daß es nichts gibt, was nicht erkannt werden kann, keine geheime Tür, deren Schloß nicht aufgebrochen werden kann.« Er versucht, »alle Handlungen miteinander zu verbinden, alle Daten zu klassifizieren«[69], aber: »Weisheit ist ein Geschenk. Und die Verleihung eines Geschenkes kann man nicht erzwingen. Das ist die Wahrheit, die der Zwillingstypus lernen muß, und auch das muß er als Geschenk empfangen. ... Alle Samen reifen langsam.«[70]

FRANZISKUS trifft das wieder meisterhaft: durch den Begriff »Geduld« *(patientia),* dem er den »Zorn« gegenüberstellt.

Ein Zwilling und zugleich Zwillingstypus ist im Alten Testament der Stammvater Jakob, der nach Genesis 25,26 seinen Namen erhält aufgrund seines Verhaltens während seiner Geburt: Er ist der Zweite, seine Hand aber hält die Ferse seines älteren Zwillingsbruders Esau fest. Während dieser, wie mit einem Fell behaart (Gen 25,25), ein Mann der Jagd und des freien Feldes, ein naturhafter Mensch ist und darum die Sympathie seines Vaters hat, ist Jakob mit seiner glatten Haut feminin; er bleibt brav »bei den Zelten« und ist der Liebling seiner Mutter (Gen 25,27 f.). Es gelingt ihm, seinem Bruder das Erstgeburtsrecht abzuhandeln. Daß ihm der Erstgeburts*segen* zuteil wird, ist freilich nicht sein Verdienst, bringt ihm aber die Feindschaft seines Bruders Esau ein, so daß er fliehen und sich auf den Weg machen muß. Da erfährt er die Gegenwart Gottes: zunächst in dem Traumgesicht, in dem sich ihm, am Boden schlafend und nach innen gekehrt, das Bild der Himmelsleiter zeigt (Gen 28,12 ff.), das BENEDIKT in der Einleitung zur Stufenleiter der Demut aufgreift (6). Dann erfährt Jakob die Gegenwart Gottes in dem Segen, den er »erringt« (Gen 32,27). Zwanzig

Jahre muß er Laban, dem Bruder seiner Mutter, dienen, bis sich seine Liebe erfüllt und er zu Reichtum kommt (den er dann wieder mit List verteidigt). Mit solchem Reichtum gesegnet, versöhnt er sich mit seinem Bruder Esau, geht aber auch weiterhin seinen eigenen Weg, von Esau getrennt, sich nun dem gemächlichen Gang seiner Viehherden und dem Schritt der Kinder anpassend (Gen 33,14).

Im Neuen Testament wird der Apostel Thomas ausdrücklich der »Zwilling« genannt (Joh 20,24). Nur aufgrund eigener Erfahrung – sehend und tastend – kommt er zum Glauben. Ebenso typisch ist sein Wort (Joh 14,5) an Jesus: »Herr, wir wissen nicht, wohin du gehst. Wie sollen wir den Weg kennen?«

Bei beiden genannten biblischen Zwillingsgestalten fällt auf – im Unterschied zum Mythos –, daß das Interesse nur jeweils einem der Zwillingsbrüder gilt, dem Jakob bzw. dem Thomas. In ihm wird das typisch Zwillinghafte deutlich, wird zugleich deutlich, daß der Zwillingstyp nicht nur lernen muß, daß man das Ziel nicht begreifen und nicht haben kann, ohne den Weg zu gehen, ohne Erfahrung also; er muß auch lernen, sich zu entscheiden, welchen Weg er geht, und diesen konsequent zu gehen.

Das bringt BENEDIKT als Ziel der sehr knapp formulierten dritten Demutstufe gut zum Ausdruck. Zunächst mag man auch hier wieder fragen, was sie Neues gegenüber der vorigen bringt, wenn nun vom Mönch gefordert wird, sich in vollem Gehorsam dem Oberen zu unterwerfen, um so den Herrn nachzuahmen, der »gehorsam war bis in den Tod« (Phil 2,8). Doch geht es hier nicht so sehr um die Absage an den Eigenwillen als vielmehr um Entschiedenheit und Konsequenz auf dem Weg. Dabei darf nicht übersehen

werden, daß das lateinische Wort für »Gehorsam«
weiblich ist: *oboedientia*. Oboedientia hat nicht den
militärischen Klang wie der neuhochdeutsche männliche Begriff »Gehorsam«. Gemeint ist vielmehr eine
Gehorsamkeit, eine Hörbereitschaft des Herzens.
BENEDIKT fügt hinzu – hier abweichend von dem ihm
vorgegebenen Text des »Magisters« –, daß diese volle
Gehorsamkeit geleistet wird »aus Liebe zu Christus«.
BENEDIKT gebraucht hier nicht Caritas, sondern
Amor, das lateinische Wort, das dem griechischen Eros
entspricht: Die Entscheidung zum Gehorsam muß aus
einer leidenschaftlichen Begeisterung für Christus
kommen. Das noch Unfertige des Amor entspricht
hier der noch unbeschwerten, in gewisser Weise glücklichen Leichtigkeit, die dem Zwillingstyp eigen ist und
die zugleich der Schwung ist, ohne den mancher wohl
nie den Schritt ins Kloster gewagt hätte. Dieser Schritt
muß zur Grundentscheidung werden. Doch in Kon-
fliktsituationen dann Tiefe zu gewinnen, ist ein weiterer Schritt, die Aufgabe der vierten Demutstufe.
PAULUS mahnt in Röm 12,11 im Hinblick auf die
Gefährdungen des typisch Zwillingshaften: »Laßt
nicht nach in eurem Eifer, laßt euch vom (Heiligen)
Geist entflammen und dient dem Herrn.«

Die 4. Stufe der Demut - im Zeichen »Krebs«

♋ Das Tierkreiszeichen *Krebs,* in das die Sonne um
den 22. Juni tritt, ist charakterisiert durch den
»Planeten« *Mond,* das Element *Wasser* und das *phleg-
matische* Temperament. Wasser ist hier ein Bild seeli-
scher Tiefe und zugleich des Fließenden, des Nicht-
Festen, der Weichheit. Der Mond, als Leuchte der

Nacht ein Symbol der Träume und der Sehnsucht, ist in seinem Wandel zugleich ein Bild der wechselnden Stimmungen und Launen, die aus dem Unbewußten aufsteigen. Das Wort »Launen« kommt ja vom lateinischen *luna* = Mond. »Krebs« symbolisiert also Beeindruckbarkeit, verwundbare Sensibilität. Die Möglichkeit, im offenen Kampf zurückzuschlagen, ist den Sensiblen nicht gegeben. Ihre Tapferkeit ist nicht die der Helden in der Rüstung. Psychosomatisch typisch für sie ist, daß ihnen »die *Brust* einschnürt« und »die Luft wegnimmt«, womit sie nicht fertig werden. Ihre Gefahr ist die Regression, das »Krebsen«, das zugleich eine Einengung der Lebensmöglichkeiten bedeutet. Hinzu kommt, daß die Sonne in das Zeichen Krebs tritt, wenn sie ihren Höhepunkt erreicht hat und der Tag am längsten ist. Mit dem Eintritt der Sonne in dieses Zeichen beginnen die Tage – zunächst kaum merklich – wieder kürzer zu werden, abzunehmen. Die Zeit frühlinghaften Aufbruches ist also vorbei, das Selbstbewußtsein des Sommers ist aber im *kardinalen* Zeichen Krebs noch nicht voll ausgeprägt – wie dann im stabilen Zeichen Löwe. So eignet dem Zeichen Krebs als dem letzten im ersten Durchgang aller vier Elemente eine gewisse Schwermut, ein wehmütiges Zurückblicken auf die eigenen Wurzeln, eine bewahrende, konservative Grundhaltung, verbunden mit der Angst vor dem Verlust des Ererbten. Das Sigel für das Zeichen Krebs (zwei Kreise, aus denen zwei Halbbögen hervorgehen – der eine, vom linken Kreis herkommend, beide Kreise bedeckend; der andere, vom rechten Kreis herkommend, beide Kreise unterfangend) kennzeichnet das Bemühen, Getrenntes zur Einheit zusammenzubringen.

DANE RUDHYAR schreibt: »Die Krebspersönlichkeit

ist auf der bewußten Ebene höchst individualisiert und empfindet dennoch im Unterbewußten eine Angst vor dem unausweichlichen Druck der Forderungen, die das Leben, die Gesellschaft, die ganze Menschheit und schließlich Gott an den einzelnen stellen werden. ... Wie alle anderen Bedürfnisse kann auch das des Krebstypus erfüllt werden. Und das geschieht dann, wenn die Angst vor der heimlich bedrohlichen Vorstellung ›sich in einem ungeheuer großen Kollektivgebilde zu verlieren‹ in die Erkenntnis überführt wird, daß man durch das eigene individuelle Geburtsrecht einen Platz in einem solchen Gebilde einnimmt. ... Das vor allem ist das Geschenk des Geistes an den Persönlichkeitstyp des Krebses, daß sie/er wissen kann, wo sie/er hingehört. ... In diesem Krebsstadium menschlicher Entwicklung braucht das Individuum das tiefe und durchgängige Gefühl der Zugehörigkeit wie auch die Erkenntnis, daß er in der Ökonomie der Gesellschaft und im Leben einer jeden Gruppe, die auf ihn einen Anspruch erhebt, eine ganz bestimmte Funktion innehat.«[71]

Das »Wissen, wohin man gehört«, ist auch mit dem Eintritt ins Kloster noch nicht ohne weiteres gegeben, auch nicht dadurch, daß man dort bewußt den Weg des Gehorsams gehen will. BENEDIKT faßt auf der vierten Demutstufe die unausweichlichen Gehorsamskonflikte ins Auge, an die man beim Eintritt ins Kloster wohl noch nicht gedacht hat: Härten und Widrigkeiten, Kränkungen aller Art, ungerechte Behandlung, Nachstellungen und Verfluchungen durch »falsche Brüder«. BENEDIKT zitiert Psalm 66,11: »Du hast uns in die Schlinge geraten lassen, hast drückende Last unserem Rücken aufgeladen.« Die – objektiv gesehen – der Realität kaum angemessenen Formulierungen

über das Leiden des Klosterlebens zeigen, daß BENE-
DIKT großes Verständnis hat für die subjektiven
Schwierigkeiten der Empfindsamen und oft auch
Empfindlichen. Es geht ihm offenbar nicht um eine
Analyse der Leidenssituation; es geht ihm um die Person, die leidet und in Gefahr ist, daran zu zerbrechen
und davonzulaufen. Ihr stellt BENEDIKT eindringlich
die Mahnung entgegen, schweigend und »bewußt«
(dieses Wort fügt BENEDIKT in seine Vorlage ein) in
Geduld auszuharren und auszuhalten. Fünfmal
gebraucht er das Wort »sustinere« (»aushalten«), zweimal spricht er von »patientia« (»Geduld«).
Solch geduldiges Ausharren ist die Tapferkeit der Sensiblen. Damit sie nicht zu einer Überforderung wird,
bedarf sie freilich einer wirksamen Motivation. Hier,
auf der vierten Stufe, gebraucht BENEDIKT besonders
viele Zitate aus der Heiligen Schrift – aus den Psalmen,
aus der Bergpredigt Jesu (Mt 5,39-41) –, und er verweist namentlich auf das Beispiel des Apostels PAU-
LUS. So macht BENEDIKT deutlich: Letztlich ist es »der
Herr«, Den es auszuhalten gilt. Es ist ein Aushalten in
der Nachfolge Christi. Es ist ein Aushalten für den
Herrn, »Der uns geliebt hat« (Röm 8,37), und Er wird
auch das Überwinden wirken. Hier ist dem Mönch
sein Platz zugewiesen, von dem her es ihm möglich
wird, das Ausharren als notwendige Läuterung
bewußt und aktiv in Angriff zu nehmen: BENEDIKT
sagt, daß der Mönch die Geduld »umarmen« soll,
nicht müde werden und sein Herz stärken soll. Dann
wird ihm daraus Hoffnung, ja sogar Freude wachsen.
Denn: »Wer bis zum Ende standhaft bleibt, der wird
gerettet« (36 = Mt 10,22).
Mit ähnlichen Worten wie BENEDIKT sagt PAULUS im
4. Vers seiner aneinandergereihten Mahnungen (Röm

12,12): »Seid fröhlich in der Hoffnung, geduldig in der Bedrängnis, beharrlich im Gebet!«

BENEDIKT schließt seine vierte Stufe mit der Feststellung, daß die, die diese Stufe beherzigen, »jene segnen, die ihnen fluchen«. Eine Frucht der Patientia ist also die Fähigkeit, den Nächsten »leiden zu können« (wie wir statt: den Nächsten »zu lieben«, im Deutschen formulieren können, dabei die von BENEDIKT geforderte »Patientia« mitbetonend: *Patientia* = Geduld kommt von *pati* = leiden). Diese Fähigkeit wird sich in dem Maße einstellen, als in solcher Patientia primär die Fähigkeit eingeübt wird – in aller Empfindlichkeit –, sich selbst leiden zu können.

Im Alten Testament ist wohl Josef eine Gestalt, die den Krebstyp repräsentiert (Gen 37-50). Er gehört nicht mehr zu den drei Stammvätern der dem Frühling entsprechenden Ursprungsgeschichte des Volkes Gottes. Mit den zwölf Söhnen Jakobs ist die Grundlegung des Zwölf-Stämme-Volkes abgeschlossen. Josef ist einer der Zwölf. Sein Lebensweg wird geprägt durch seine Träume und seine Fähigkeit der Traumdeutung. Zu seinen ersten Träumen gehört das Bild, daß sich Sonne und Mond und 11 Sterne – seine Eltern und seine Brüder symbolisierend – vor ihm verneigen. Dieser sein Traum trägt ihm einen Vorwurf seines Vaters, vor allem aber – zusammen mit der Vorliebe, die sein Vater für ihn hat – den Neid seiner Brüder ein, und damit beginnt sein Leidensweg, an dessen Ende er zum Segen wird für die, die ihm Böses antaten. Seine Gemütstiefe läßt ihn in lautes Weinen ausbrechen, als er seinem Vater und seinen Brüdern gegenübersteht. Der Wechselhaftigkeit des Mondes vergleichbar ist sein Leben zunächst jedoch gezeichnet von einem mehrfachen Wechsel zwischen Zeiten leuchtenden

Aufstrahlens und dunklen Zeiten, in denen er in der Versenkung (einer Zisterne, eines Gefängnisses) verweilen muß – bis er am Hof des Pharao seinen Platz gefunden hat und hier nun Vorsorge trifft, die sieben Jahre des Hungers, der schwindenden Lebensmöglichkeiten überdauern und aushalten zu können. Trotz seiner herausragenden Stellung in Ägypten verliert er nicht seine Anhänglichkeit an seine Familie, an seinen Vater und vor allem an das Land, das Gott Abraham, Isaak und Jakob zugesichert hatte. Mit dem Tode Josefs ist ein deutlicher Einschnitt in der Patriarchengeschichte gegeben, markiert durch das Ende des Buches Genesis.

Im Neuen Testament tritt Johannes der Täufer auf als einer, der nicht selbst das Licht war, aber für das Licht Zeugnis ablegte (Joh 1,8), es gleichsam widerspiegelte wie der Mond das Sonnenlicht. Er bekannte im Blick auf den Messias: »Er muß wachsen, ich aber muß kleiner werden« (Joh 3,30). Die hier mit »wachsen« und »kleiner werden« übersetzten Verben können auch das Zu- und Abnehmen der Sonne bzw. des Mondes zum Ausdruck bringen.[72] Im Kirchenjahr wird das Fest des Täufers Johannes gefeiert, wenn die Sonne gerade in das Zeichen Krebs getreten ist: am 24. Juni, dem Datum der Sommersonnenwende nach altrömischem Kalender, am kosmischen Gegenpol zu Weihnachten.

Die Tradition kennt eine Aufzählung von sieben Hauptsünden in Parallele zu den sieben Planeten: Laster, in denen sich eine Perversion der durch die jeweiligen Planeten repräsentierten Fähigkeiten zeigt. Dem Mond wird hier der Stolz zugeordnet: Der Stolz ist die Sünde des Mondes, wenn er selbstherrlich vergißt, daß er sein Licht der Sonne verdankt. Es entspricht also wiederum der Logik des Tierkreises, wenn

FRANZISKUS in seiner 27. Admonitio als vierten Begriff die »Demut« (»Humilitas«) nennt, dieser aber nicht einfach den Hochmut gegenüberstellt, sondern sagt: »Wo Demut ist, da gibt es keine Verwirrung.« Wo man in Demut die eigenen Grenzen annimmt, da ist jene Verwirrung überwunden, die dem Krebstyp eignet, solange er den Platz noch nicht gefunden und noch nicht akzeptiert hat, »wohin er gehört«, und das angesichts des beginnenden Abnehmens der Kräfte im Zeichen »Krebs«.

In dem großen Artikel »Demut« in der Theologischen Realenzyklopädie schreibt der Verfasser des Abschnitts VIII (»Ethisch«), Aleksander Radler: »Ein Überblick über die grundlegende humilitas-Literatur … zeigt, wie nahe beieinander Schwermut und Demut liegen, denn jede Form von Demut ist das Stillewerden nach einem Kampf, und Demut setzt immer das Erfahren der eigenen Grenze und die sittliche Krise voraus.«[73] Der äußerst sensible Romano Guardini schreibt in seinen autobiographischen Notizen »Berichte über mein Leben« über die Schwermut, die er als mütterliches Erbe in sich trug: »Ein solches Erbe ist an sich nicht schlimm; es ist der Ballast, der dem Schiff seinen Tiefgang gibt. Ich glaube nicht, daß es eine schöpferische Begabung und ein tieferes Verhältnis zum Leben ohne schwermütige Veranlagung gibt. Man kann sie nicht beseitigen, wohl aber sie ins Leben einordnen. Dazu gehört, daß man sie in einem innersten Sinne von Gott her annimmt, und sie in Güte für den anderen Menschen umwandelt.«[74]

Mit dem Zeichen Krebs sind alle vier Elemente und Temperamente ein erstes Mal im Tierkreis vorgekommen, und der Reigen beginnt von neuem ein zweites und dann ein drittes Mal.

Die 5. Stufe der Demut - im Zeichen »Löwe«

♌ Um den 23. Juli tritt die Sonne ins Zeichen *Löwe.* Diesem ist als Element wieder das Feuer zugeordnet und damit das cholerische Temperament, das im Zeichen Löwe nicht den Charakter des Hitzigen – wie im Zeichen Widder –, sondern leidenschaftlicher Glut zeigt. Die *Sonne* ist der »Planet«, der dem Zeichen entspricht, das den Namen des »Königs« der Tiere trägt. Es ist das zweite, also das *stabile* Zeichen in der Jahreszeit Sommer. Obgleich die Tage im Zeichen Löwe schon merklich kürzer geworden, die Kräfte also nicht mehr von jugendlicher Vitalität sind, artikuliert sich in diesem Zeichen doch die Höhe des Lebens, das sonnenhafte Selbst des Menschen in seiner gleichsam königlichen Ausprägung – strahlend und warm und zugleich Wärme und Herzlichkeit ausstrahlend. Das zugehörige Körperorgan ist das *Herz.* Eingezeichnet ist in alten Darstellungen das Bild des Löwen immer in der Mitte statt auf der linken Seite und etwas tiefer, als das physiologische Herz seinen Platz hat: eher dort, wo sich das Sonnengeflecht befindet. Gemeint ist das Herz, das psychosomatisch als Personmitte des Menschen erfahren wird, das als Sitz der Liebe oder auch der Trauer gilt und von dem wir sprechen, wenn uns etwas »bis ins Herz trifft«. Das Ich in seiner sonnenhaften, königlichen Ausprägung: das ist Freiheit, spielerische Freiheit, sich verströmende Liebe, das ist Eros im umfassenden, nicht nur im sexuell-erotischen Sinn.

Die christliche Tradition sieht im Bild der Sonne Christus. Durch Ihn ist Gott selbst »in unseren Herzen aufgeleuchtet« (2 Kor 4,6). Jesus seinerseits ist »dem Stamm Juda entsprossen« (Hebr 7,14), der im Segen des Patriarchen Jakob mit einem königlichen Löwen verglichen wird: »Ein junger Löwe ist Juda. ... Nie weicht von Juda das Zepter, der Herrscherstab von seinen Füßen, bis der kommt, dem er gehört ...« (Gen 49,9 f.). Offenbarung 5,5 kann darum mit Blick auf den erhöhten Christus sagen: »Gesiegt hat der Löwe aus dem Stamm Juda«. In der byzantinischen Liturgie heißt es von Ihm in der Ostermatutin (9. Ode): »Der du entschliefst, hast du die von Ewigkeit her Toten auferweckt mit dem königlichen Brüllruf des Löwen von Juda.« Er ist der »Stärkere«, der die Mächte der Finsternis überwindet, wie besonders der Evangelist Markus herausstellt, dem von den vier Wesen (vgl. Ez 1,10), die den vier stabilen Zeichen entsprechen, der Löwe als Symbol zugeordnet ist.

Im Sigel für das Zeichen Löwe haben wir nicht die Polarität zweier Kreise wie im Sigel für das Zeichen Krebs, sondern nur *einen* Kreis: Symbol einer Konzentration auf die Mitte. Dem jedoch ist nach rechts hin – extravertiert also – ein großer Bogen angefügt, der gewöhnlich als Löwenschwanz gedeutet wird. Wichtiger scheint mir, daß er den Eindruck einer großen Geste, einer großen Pose macht und so die andere Seite des Löwe-Zeichens andeutet: statt Ausstrahlung nur Blendwerk und statt gewinnender Wärme alles ringsum versengendes Herrschergebaren. Oder aber Inszenierung eines infantilen Heldendramas: »Der Held gedeiht durch Tragödien. ... Deshalb sieht sich der ruhmvolle Sonnenherrscher gezwungen, Kriege zu führen. Irgendein Volk, irgendeine Gruppe, irgendein Individuum muß dunkel und böse sein, damit der große Führer seinen Hochmut beweisen kann, indem er den Feind überwältigt.«[75] »Unfähig, den Schatten in seinem eigenen Inneren wahrzuneh-

men und den Zustand eines transparenten (lichtdurch-
lässigen) Selbst zu erreichen, schreitet die Löweper-
sönlichkeit mit großem Pathos über die Bühne der
Welt.[76]«

Die Sonne in Zuordnung zum Tierkreiszeichen Löwe
weist auf die Lebensaufgabe hin, die ureigenste Berufung wirklich auch zur alles bestimmenden, durchformenden, erleuchtenden Kraft werden zu lassen, so daß
der Mensch in dieser Ganzheit seiner ausgereiften Persönlichkeit gleichsam selbst zu einer Licht und Wärme
ausstrahlenden »Sonne« wird – daß er »Sonne im Herzen« hat – im freien Strömen der Liebe, der Hingabe
des Herzens, im heiteren und zugleich ernsten Spiel
seines schöpferischen Eros. Die dem entgegenstehen-
de Gefahr im fünften Zeichen ist die in Szene gesetzte
egozentrische Verspieltheit, in der der Mensch, ohne
es zu merken, schnell auch zum Spielball dunkler
Mächte wird.

Dem stellt BENEDIKT als fünfte Stufe der Demut die
Mahnung entgegen, daß der Mönch alle schlechten
Gedanken, die sich in seinem Herzen einstellen (vgl.
RB 4,50), und das Böse, das er in verborgener Weise
getan hat, durch ein demütiges Bekenntnis seinem Abt
nicht verhehlt. Der Abschnitt endet mit einem leicht
abgeänderten Zitat aus Psalm 32,5: »Mein Vergehen tat
ich dir kund, und meine Ungerechtigkeit habe ich
nicht zugedeckt. Ich sprach: Anzeigen will ich dem
Herrn gegen mich meine Ungerechtigkeiten, und du
hast mir die Lieblosigkeit meines Herzens vergeben.«
Der hebräische Urtext und auch die geläufige lateinische Übersetzung (Vulgata) sprechen im letzten Satz
dieses Psalmverses von der Lieblosigkeit der »Sünde«.
Bei BENEDIKT umschließt das Wort »Herz« (in V. 44
und V. 48) den ganzen Abschnitt wie eine Klammer.

Das Wort, das ich mit »Lieblosigkeit« übersetzt habe, heißt im Lateinischen »impietas«. Dieser im Deutschen nicht adäquat wiederzugebende Begriff meint ein gestörtes Verhalten, beispielsweise des Sohnes gegenüber dem Vater oder umgekehrt. Auch »Ungerechtigkeit« *(iniustitiae)* ist ein Begriff verkehrter Beziehungen, pervertierter Ausrichtung. (Das wird nicht deutlich, wenn die 1992 von der Salzburger Äbtekonferenz herausgegebene Übersetzung der RB *iniustitiae* mit »Schuld« und *impietates* mit »Bosheit« wiedergibt.) BENEDIKT geht es offenbar um Verkehrungen des Herzens, um verborgene Verkehrungen, die selbst dem eigenen Bewußtsein verborgen sind, die aber gerade durch das Bekenntnis vergeben und geheilt werden. Damit es gelingt, Verborgenes zu bekennen, soll dieses Bekenntnis »demütig« sein und ein menschliches Gegenüber haben: den Abt oder, wie es in RB 46,5 f. heißt, »einen der geistlichen Väter, der es versteht, eigene und fremde Wunden zu versorgen, ohne sie aufzudecken und publik zu machen«.

Emmanuel Jungclaussen schreibt über die fünfte Demutstufe, hier müsse der Mönch »in letzter Ehrlichkeit seinen ›Schatten‹, die dunkle Seite seiner selbst, anschauen, und zwar gemeinsam mit einem, der aus Erfahrung gelernt hat, mit dem eigenen Schatten umzugehen, so daß dieser – sei es der Abt oder sonst ein geistlicher Vater – nun auch anderen helfen kann, mit dem Schatten umzugehen und ihn zu integrieren. Solches ist hier gemeint, nicht Beichte und Absolution im sakramentalen Sinn.«[77]

Eine dem Tierkreiszeichen Löwe entsprechende Gestalt ist im Alten Testament Simson (Ri 13-16). Sein Name ist etymologisch eine Verkleinerungsform von Schemesch = Sonne. Simson ist ein Sonnenkind. Seine

Geschichte, die Geschichte seiner Selbstzerstörung, ist wie ein Märchen mit archetypischer Bildhaftigkeit und Logik. Das zeigt, daß sie nicht nur als die Geschichte einer einmaligen historischen Persönlichkeit zu verstehen ist, sondern auch als objektivierende Darstellung eines innerseelischen Prozesses gedeutet werden darf. Es ist der Prozeß, der auf der fünften Demutstufe im Unterschied zum Scheitern Simsons zu bestehen ist, um – in Entsprechung zum Zeichen Löwe und in Überwindung seiner unreifen Ausprägungen – das Sonnenhafte im Menschen (aus der Perspektive männlicher Erfahrung) zur reifen Entfaltung kommen zu lassen.

Die Simsongeschichte wird mit der Feststellung eingeleitet, daß Israel unter der Herrschaft der Philister stand. Simson ist von Gott dazu bestimmt, die Rettung Israels einzuleiten (Ri 13,5). Seine Mutter hat dafür zu sorgen, daß er von Geburt an ein Gott geweihter Nasiräer ist. Kein Schermesser darf an seine Haare kommen. Simson stellt sich in den Dienst Israels und wird zur Heldengestalt. Der Geist Gottes gibt ihm dazu überwältigende Kräfte, treibt ihn an, löst aber in der Weise, wie Simson mit seinen Kräften umgeht, »Affären aus, die den vitalen Naturburschen ebenso konturieren wie den intelligenten Entertainer und endlich den Einzelkämpfer«.[78] Seine Heldentaten werden in drei Erzähleinheiten berichtet, die sich alle drei jeweils um die Beziehung Simsons zu einer Frau konzentrieren. Im Hebräischen werden diese – im Unterschied zu den deutschen Übersetzungen – vor jeder weiteren Bestimmung jedesmal ausdrücklich als »ischah« = Frau bezeichnet. Alle drei Frauen sind Philisterinnen. Sie gehören also, so sehr sie Simson faszinieren, zu den bedrohlichen Mächten, mit denen er

sich auseinanderzusetzen hat. Der ersten Frau begeg-
net er, als er »hinabstieg« nach Timna (Ri 14,1). Die
Begegnung mit ihr ist vom Herrn gefügt (Ri 14,4).
In die Erzählung hineinverwoben ist eine Löwen-
Geschichte, in der sich verdichtet das »Rätsel« der
Gestalt Simsons zeigt: Als Simson zu der Frau hinab-
geht, um sie für sich zu gewinnen, steht er an den
Weinbergen von Timna plötzlich vor einem jungen
brüllenden Löwen. Er zerreißt ihn mit den bloßen
Händen. (Hier haben wir eine gewisse Parallele zum
Herakles-Mythos.) Als Simson das nächste Mal hinab-
geht, um die Frau zu heiraten, »biegt er vom Wege ab«,
um nach dem überwältigten, toten Löwen zu sehen: In
ihm findet Simson nun einen Schwarm Bienen und
auch Honig. »Was ist süßer als Honig, was stärker als
ein Löwe?« (Ri 14,18): Diese Frage der Philister von
Timna ist die Lösung des Rätsels, das Simson ihnen
aufgegeben hat. Es ist die Lösung des Rätsels um die
Person Simsons. Dieses Rätsel hat zwei Teile, die beiden Dimensionen der Vitalität Simsons: die eine charakterisiert durch die Stärke, die selbst Löwen überwältigt, die andere durch den Honig, der in der Farbe
golden ist wie die Sonne und im Geschmack süß wie
die Liebe.[79] Heldenhafte Stärke oder Liebe, das ist die
Alternative auf dem Weg der Selbstverwirklichung im
Zeichen des sonnenhaften Löwen, die Alternative, in
der Simson steht, in der er sich zu entscheiden hat: Ist
doch die Liebe – süßer als Honig – einerseits eine
wertvolle Gabe Gottes, andererseits aber bedeutet sie
ein »Abbiegen« vom Weg des Helden, der stärker ist
als ein Löwe. Seinen Eltern gegenüber verschweigt
Simson nicht, daß er den Honig gefunden und davon
genossen hat – er läßt auch sie davon essen –, wohl
aber, daß der Honig aus dem von ihm getöteten

69

Löwen stammt (Ri 14,9), daß er also von seinem Weg abgebogen ist.

Drei Tage lang war während eines großen Trinkgelages das Rätsel Simsons allein sein Geheimnis geblieben. Eine Dreizahl von Prüfungen steht in Märchen oft für ein konsequentes, zielorientiertes Unterwegssein. Am vierten Tag suchen die Philister über die Frau Zugang zum Geheimnis Simsons. Die Zahl vier wird im Hebräischen symbolisiert durch den vierten Buchstaben: Daleth. »Daleth« heißt »Tür«. Am siebten Tag haben die Philister auf diesem Wege vollends ihr Ziel erreicht. Das Zahlenzeichen für sieben, »Sajin«, der siebte Buchstabe des hebräischen Alphabetes, heißt übersetzt »Waffe«: Sieben Tage lang, während des ganzen Gelages, setzt die Frau dadurch Simson zu, daß sie »vor ihm weinte«. Das ist ihre Waffe. Da gibt Simson ihr nach. Doch als er merkt, daß die Philister sich ihrer bedient hatten, verwandelt sich das Feuer seiner Leidenschaft in »brennenden Zorn« (14,19): Er erschlägt 30 Mann und schickt 300 Füchse mit brennenden Fackeln auf die Felder der Philister. Die Dreizahl der nüchternen Zielstrebigkeit ist im Ausbruch des lodernden Zornes der Rache potenziert: Sinnlos zerstört und tötet er.

Die zweite Frau, zu der Simson geht, ist eine Dirne. Die dritte erst hat auch einen Namen: Delila. Aber Simson vertraut sich ihr ebenso wenig an wie der ersten Frau. Sie bleibt sein Aufenthaltsort für süße Stunden, abseits vom Geheimnis seiner Heldenhaftigkeit, das Simson auch diesmal wieder für sich behält: die sieben Locken, die ihm gewachsen sind, weil gemäß der Weisung des Herrn kein Schermesser an sein Haupt kam, und die als das Geheimnis der Stärke Simsons in ihrer Siebenzahl an die sieben Gaben des

Heiligen Geistes erinnern. Wieder in einer Dreizahl vergeblicher Versuche versucht diesmal Delila, ihm dieses Geheimnis zu entlocken. Es stimmt, was sie ihm vorwirft: »Wie kannst du sagen: Ich liebe dich!, wenn mir dein Herz nicht gehört« (Ri 16,15). Die Zahl vier wird ihm auch hier zum Verhängnis. Er wird es »zum Sterben« leid, ständig von Delila bedrängt zu werden. Er gibt seine Zurückhaltung auf, mit der er das Geheimnis seiner Heldenhaftigkeit für sich behielt und zugleich die wirkliche Vereinigung mit dem Weiblichen verhindert hat. Er sagte ihr alles, was er »auf dem Herzen« hatte. Dreimal steht in den Versen 17 f. diese (von der Einheitsübersetzung unterschlagene) Formulierung. Er gibt preis, was er vom Mutterschoß an war, was er durch das gottesfürchtige Verhalten seiner Mutter geworden war: ein Nasiräer, an dessen Haar kein Schermesser kommen darf. »Delila ließ Simson auf ihren Knien einschlafen und schnitt dann die sieben Locken auf seinem Haupt ab. So begann sie ihn zu schwächen, und seine Kraft wich von ihm« (Ri 16,19). Dadurch, daß Simson sich ganz der Frau anvertraut, wird er »wie jeder andere Mensch« (Ri 16,7.11.13.17) – ohne freilich wirklich darauf gefaßt zu sein. Er hatte gemeint, es ginge so weiter wie bisher. Das war seine Verblendung. So ist es nur konsequent, daß die Philister ihn nicht nur fesseln, sondern auch blenden und daß er ihnen zum Gespött wird.

Nun ruft Simson zu Gott und bittet ihn, daß er wenigstens für eines seiner beiden Augen Rache nehmen kann und darum noch einmal so stark sein darf wie früher. Er tötet die Philister, aber er kommt dabei auch selbst um. Der »Held«, der im Grunde ein ungehobelter Kraftprotz war, ist überwunden: überwunden dadurch, daß Simson sich gegenüber dem Weiblichen öffnet und dadurch lernt, selbst empfängnisbereit zu werden. Die Kraft, die Simson noch einmal erhält, ist von Gott erbeten. Sein egozentrisches und oft von böser Leidenschaft bestimmtes Heldenbewußtsein ist überwunden. Damit ist aber auch die Lieblosigkeit, die Beziehungslosigkeit seines Herzens vergeben.

Die Geschichte Simsons veranschaulicht sehr schön, was Robert Moore und Douglas Gillette in ihrer tiefenpsychologischen Studie über »die Stärken des Mannes« über den jugendlichen »Helden« schreiben: »Der Held glaubt an seine Unverwundbarkeit, er glaubt, daß nur der ›unerfüllbare Traum‹ sein Traum sein kann, daß er den Kampf mit dem ›unbesiegbaren Feind‹ aufnehmen und siegreich bestehen kann. … Weder kennt der Held seine Grenzen, noch ist er fähig, sie anzunehmen, und das ist sein Untergang. Ein Junge oder Mann im Bann des Schattenhelden kann nicht wirklich einsehen, daß er ein sterbliches Wesen ist. … Der ›Tod‹ des Helden ist der ›Tod‹ des Jungenalters, des Jungen-Bewußtseins. Gleichzeitig steht er für die Geburt der Männlichkeit, des Mann-Bewußtseins. Der ›Tod‹ des Helden im Leben eines Jungen (oder Mannes) bedeutet in Wirklichkeit, daß er schließlich an seine Grenzen gestoßen ist. Er ist dem Feind begegnet, und der Feind ist er selbst. Er ist seiner dunklen Seite begegnet, seiner sehr *un*heroischen Seite. Er kämpfte mit dem Drachen und verbrannte sich. … Er hat die Mutter besiegt und dann seine Unfähigkeit eingesehen, die Prinzessin zu lieben. Der ›Tod‹ des Helden signalisiert die Begegnung eines Jungen oder Mannes mit wahrer Demut. Es ist das Ende seines heroischen Bewußtseins.«[80]

Von einem »demütigen« Bekenntnis spricht BENEDIKT

ausdrücklich im Abschnitt über die fünfte Demutstufe. Durch zwei angefügte Psalmverse macht er
sofort aber auch deutlich, daß solche Demut das Vertrauen voraussetzt, nicht ins Bodenlose zu fallen:
»Eröffne dem Herrn deinen Weg und vertrau auf ihn!«
(Ps 37,5) und: »Legt vor dem Herrn ein Bekenntnis
ab; denn er ist gut, denn seine Huld währt ewig«
(Ps 118,1). Das Vertrauen, daß Demut (lateinisch:
»humilitas«) bedeutet, in Wahrheit auf dem »Boden«
zu stehen, in Wahrheit bei sich zu sein – durch Verzicht auf die Pose der Großartigkeit, auf die Dramatik
der Heldenhaftigkeit –, dieses Vertrauen will gelernt
sein. DANE RUDHYAR schreibt: »Einfach, demütig sein
heißt ... immer nur das zu sein, was man ist. Und das
wiederum bedeutet ›Wahrheit‹, denn ›wahrhaftig‹ und
›rein‹ zu sein, heißt, daß man einzig und allein und
vollständig ist, was man ist, ohne irgendeine Abweichung, Beimischung und auch ohne Widerstreit. Es
bedeutet, daß man vollkommen in Einheit aufgelöst ist
– und das ist Friede.«[81]
»Einfachheit« ist für RUDHYAR die Gabe, die es im
fünften Zeichen zu empfangen gilt. Für FRANZ VON
ASSISI ist in seiner 27. Admonitio die Armut die fünfte
Tugend – Armut in Verbindung mit Fröhlichkeit: Sie
vertreibt die *cupiditas,* die Begierde, mehr sein und
haben zu wollen, als man ist. Paulus wendet die entsprechende Mahnung in Römer 12,12 ein wenig
anders: Gewährt den Heiligen, d. h., den Gliedern des
Leibes Christi, die in Not sind, Gemeinschaft; gewährt
Gastfreundschaft. In dieser Gastfreundschaft wird
sich zeigen, ob der Sonnenhafte seine Egozentrik
abgelegt hat und in herzlicher Zugewandtheit zu seiner Bestimmung gefunden hat, die Welt zu erhellen
und zu erwärmen.

»Was ist stärker als ein Löwe?« Auch das Böse erscheint in der Bibel im Bild des Löwen: »Seid nüchtern und wachsam! Euer Widersacher, der Teufel, geht wie ein brüllender Löwe umher und sucht, wen er verschlingen kann. Leistet ihm Widerstand in der Kraft des Glaubens« (1 Petr 5,8 f.; vgl. Ps 91,13). Nicht nur Simson hat mit dem Löwen zu kämpfen. Zum Kampf mit dem Löwen bedarf es der Kraft, nicht jedoch irgendwelcher Kapriolen, sondern neben der Kraft auch der Nüchternheit und der Wachsamkeit und einer geistlichen Waffenrüstung (vgl. Eph 6,11 ff.). Ist jedoch der Löwe besiegt, wird es nötig, die Rüstung abzulegen und vom Weg des Heldentums abzubiegen, damit die Liebe wachsen kann und das Herz auch zur Süße des Honigs findet.

Die 6. Stufe der Demut - im Zeichen »Jungfrau«

Um den 23. August tritt die Sonne in das Zeichen *Jungfrau.* Die Darstellung dieses Zeichens – wie auch des entsprechenden *Sternbildes* – zeigt seit der Antike eine Frauengestalt (oft mit zwei Flügeln) und einer oder mehreren Ähren. Der hellste Stern im Sternbild Jungfrau ist Spica = Ähre. Der babylonische Name für dieses Sternbild wie für den Stern Spica meint ursprünglich »Furche«.[82] Das Sigel, das wie ein *m* mit einem fest daran gefügten *p* aussieht, ist wohl zu deuten als drei Ähren, an die die Sichel angelegt ist: Erntezeit. Dem entspricht es, daß die *Erde* das zugeordnete Element ist – auch hier wieder als Erdhaftigkeit in einem geistigen Sinn verstanden. Der dieses Zeichen beherrschende Planet ist der *Merkur,* Symbol geschickten Operierens. Bei der »Jungfrau« ist also an eine Magd zu denken – von dem Typ, wie es sie früher auf jedem Bauernhof gab: die Magd, die dienend ganz darin aufgeht, sich Tag und Nacht um alles Lebensnotwendige zu kümmern, überall anzufassen, wo etwas nicht in Ordnung ist, wo etwas im Argen liegt, angerührt auch von jedem Leid und bemüht zu helfen, ohne viel Aufhebens und mit dem nüchternen Blick für das, was zu tun ist. Sie ist mit ihrem Instinkt für das, was nottut, überall gegenwärtig, so daß man von ihr in der Tat sagen kann, daß sie Flügel hat. Die Magd im Zeichen Jungfrau ist Inbegriff der Nüchternheit und Umsichtigkeit, der Gewissenhaftigkeit und Gründlichkeit, der hingebungsvollen methodischen Arbeit. Ihre Stärke ist nicht die große Vision, sondern das nüchterne Bedenken der Gegebenheiten. Zu den Gegebenheiten gehört es, daß die Zeit der Ernte auch das Ende des Sommers markiert: Jungfrau ist ein *fallendes* Zeichen, das letzte, bevor mit der Tagundnachtgleiche der Herbst beginnt. Es beginnt das Welken, gegen das auch die Magd machtlos ist. Das ist ihre Weise erdhafter *Melancholie.* Vom menschlichen Körper ist dem Zeichen Jungfrau der »Bauch« zugeordnet, der Verdauungsbereich. Verdauen ist Arbeit und braucht seine Zeit. Probleme sind angezeigt, wenn ich etwas nicht verdauen kann, wenn ich etwas unverdaut in mich »hineinfresse«, wenn mir etwas so auf den Magen schlägt, daß ich Durchfall bekomme oder Magenkrämpfe oder gar ein Magengeschwür.

Solche Sperren, Verkrampfungen und Abwehrmechanismen signalisieren die andere Seite des Jungfrauentyps, seine Grenzen und Gefährdungen. Gerade in der Selbstverständlichkeit des hingebungsvollen Tuns der Magd manifestiert sich oft eine Fixiertheit, eine Enge, eine Befangenheit in der eigenen Vorstellungswelt, ein

penetrantes, pingeliges und aufdringliches Wichtig-
nehmen der eigenen, sich selbst für unersetzbar hal-
tenden Person und all dessen, was sie für richtig und
notwendig hält: Ratschläge und vorbeugende Mittel-
chen hier, Schutzvorkehrungen dort. Und falls es an
zu behandelnden Objekten mangelt, stellt sich ego-
zentrierte Hypochondrie ein.

Was der Mensch im Zeichen Jungfrau lernen muß:
Leben kann ich nicht machen, sondern nur empfangen. All mein Arbeiten, Wirken und Sorgen kann nur
Bereitung sein für etwas, was letztlich immer
Geschenk bleibt. Die Früchte, die ich ernte, habe ich
nicht gemacht. Damit der Mensch im Zeichen Jungfrau zu seiner ureigensten Bestimmung findet, bedarf
es nicht neuer Arbeitsmethoden und Techniken, sondern – wie DANE RUDHYAR schreibt – der Gabe der
»Toleranz«: »Tolerant sein heißt, die Verantwortlichkeit einer unablässigen Suche nach weiterem Wissen,
weniger eingeengten Gefühlen und einem angepaßte-
ren Verhalten zu tragen. Es bedeutet, bereit zu sein
und ohne Umschweife und offenen Herzens aufstehen
zu können, wenn Gott an die Tür klopft. ... Toleranz,
Mitgefühl und Nächstenliebe sind die drei großen
Tugenden, deren Gaben den Weg einer Jungfrau-Per-
son und in höherem oder geringerem Maße eines jeden
menschlichen Wesens segnen. Toleranz bezieht sich
mehr auf den Verstand, Mitgefühl mehr auf das Herz,
Nächstenliebe mehr auf den Handlungsbereich, und
dennoch sind alle drei Manifestationen ein und derselben tiefen Wurzel: der Bereitschaft zu wachsen, indem
man immer zahlreichere und mannigfaltigere Aspekte
der Wahrheit, Liebe und Opferbereitschaft erfährt und
sich aneignet.«[83] Die zentrale Aufgabe des Jungfrautyps ist, »über den eigenen Schatten zu springen«. Alle

Geschäftigkeit, alle Ordnungssucht, alle Fürsorglichkeit, »alle diese traditionellen Merkmale des Jungfrautyps sollen mit aller Deutlichkeit als das genommen werden, was sie sind: Beruhigungsmittel und Ersatz für die eine große Anstrengung, um die es wirklich geht.«[84]

So wird BENEDIKTs Weisung für die sechste Demutstufe verständlich: mit aller Geringschätzung und dem Letzten zufrieden zu sein und bei allem, was einem aufgebürdet wird, sich für einen schlechten und unwürdigen Arbeiter (operarius) zu halten. BENEDIKT verlangt hier mehr, als wenn Jesus uns sagt, daß wir nach getaner Arbeit sagen sollen: Wir sind nur unnütze Knechte; wir haben nur unsere Schuldigkeit getan (Lk 17,10). Im 57. Kapitel der RB wird deutlich, daß BENEDIKT auch die gestalterische Arbeit kennt, Arbeit als Kunstfertigkeit, als »schöpferisches Tun und Quelle der Freude«.[85] Aber auch da betont BENEDIKT, was auf der sechsten Demutstufe im Vordergrund steht: Auch solche Tätigkeit darf ebenso wenig wie die Bereitschaft, sich fordern zu lassen, zur Grundlage des Selbstwertgefühls werden, soll sie den Durchbruch wahren Lebens nicht versperren. Jedem Selbstverwirklichungswahn stellt BENEDIKT mit einem Psalmwort (Ps 73,22) die Mahnung entgegen, die für die Magd im Zeichen Jungfrau typische Arbeitsamkeit und Dienstbereitschaft von aller Egozentrik zu reinigen und sich als »Lasttier« zu verstehen, als Lasttier »vor dir« (wie es heißt), als Lasttier, das um Christi willen bereit ist, nicht nur die eigene Last zu tragen (vgl. Gal 6,5), sondern sich auch die der anderen aufbürden zu lassen. »Einer trage des anderen Last; so werdet ihr das Gesetz Christi erfüllen«, heißt es in Galater 6,2, einem Vers, der früher im Stundengebet an den Werktagen des Jahres täglich zur Sext, also zur *sechsten* (!) Stunde, gelesen wurde. BENEDIKT fügt an den Psalmvers, der die Feststellung enthält, vor Gott wie ein Lasttier geworden zu sein, den folgenden an, und damit schließt der Abschnitt über die sechste Demutstufe: »So bin ich immer bei dir.«

Sich als Lasttier zu fühlen, ist für den Menschen im Zeichen Jungfrau ja durchaus ambivalent, da er dazu neigt, auch in seiner Bereitschaft, die Lasten der anderen auf sich zu nehmen, die anderen nur als Objekt zu benutzen, um sich zur Geltung bringen zu können, im Gefühl, unentbehrlich zu sein, sich selbst allzu wichtig zu nehmen und sich dann schließlich zu überfordern in dem Eifer, der aus der Geltungssucht und nicht aus Liebe erwachsen ist. Die Folge ist dann nur allzu leicht, daß der Jungfrau-Mensch diese Überforderung durch die Last der anderen *diesen* als Schuld anlastet und unter dem Eindruck steht, von ihnen ausgenützt zu werden, so daß er nun großen Unmut gegen sie ansammelt. Das hat PAULUS offenbar im Auge, wenn er in V. 14 seiner Paränese in Römer 12 schreibt: »Segnet eure Verfolger; segnet sie, verflucht sie nicht!« Auch hier hat PAULUS stärker als BENEDIKT die soziale Dimension im Auge. Da jede nähere Charakterisierung der Verfolger und ihrer Motive fehlt, gehören alle dazu, von denen wir uns subjektiv belästigt fühlen. »Verflucht sie nicht!« Und zweimal die Mahnung: »Segnet sie!« FRANZ VON ASSISI nennt in der 27. Admonitio als sechste Tugend die Fröhlichkeit. Sie ist ihm offenbar das Zeichen dafür, daß, was immer es zu tun gibt, nicht von Selbstsucht, von avaritia bestimmt ist, von dem Geiz, selbstsüchtig anzuhäufen und festzuhalten, wovon man in seinem Herzen gefangen ist.

78

Urbild des Menschen, der – um es mit den zitierten Worten RUDHYARs zu sagen – bereit ist und ohne Umschweife und offenen Herzens aufsteht, wenn Gott an die Türe klopft, ist Maria, die Mutter Jesu. Ausdrücklich heißt es: »Es war im *sechsten* Monat, da wurde der Engel Gabriel von Gott... zu einer Jungfrau gesandt« (Lk 1,26f.). Und diese antwortet: »Siehe, ich bin die *Magd* des Herrn; mir geschehe nach deinem Wort« (Lk 1,38). Das an Gott gerichtete Wort des Psalmisten (Ps 73,23), das BENEDIKT zitiert: »Ich bin immer *bei dir*« (wie wir im Deutschen sagen müssen; lateinisch: *tecum*), dieses Wort erfährt in der Botschaft des Engels an Maria seine Umkehrung: Der Herr ist bei dir, »mit dir« *(tecum),* er ist der Emmanuel, der »Gott-mit-uns« überall, wo Sein Wort aufgenommen wird. In Maria gewinnt das Urbild des Menschen Gestalt, der am *sechsten* Schöpfungstag als Bild Gottes erschaffen worden ist (Gen 1,27.31).

Lukas stellt der Jungfrau Maria eine andere Gestalt gegenüber: Zacharias, der, als das Wort Gottes an ihn erging, sagt: Woran soll ich das erkennen, daß das wahr ist? Er kann sich nicht vorstellen, daß noch etwas wirklich Neues kommen kann, etwas, das nicht der Logik und dem Gesetz menschlicher Geschichte und Erfahrung entspricht. Zacharias ist sozusagen der Repräsentant unserer klugen Erfahrung. Er lebt durchaus »gerecht« vor Gott, aber – jetzt archetypisch gesprochen – sozusagen auf *männliche* Weise: in strenger Erfüllung der Gebote und Vorschriften des Herrn. Bei der Geburt des Sohnes Gottes aus Maria, bei allen, die Kinder Gottes sind, ist das Männliche ausgeschaltet; jedenfalls das Männliche, das von unten kommt: Sie sind »nicht aus dem Willen des Mannes geboren«, wie es im Prolog des Johannesevangeliums heißt (Joh 1,13). Unser Wollen und Begehren, unsere Vorstellungen und Aktivitäten, alles, was nur von uns zeugt – es ist das Alte. Es bringt kein neues Leben, es läuft sich tot. Das neue Leben in Maria, das ist das Leben, das der Geist aus der Höhe schafft und bewirkt, der Geist, der an Pfingsten über die Kirche kommt, der Geist der Gotteskindschaft.

Der da in Maria Gestalt gewinnt und aus ihr geboren wird, wird nun auch seinerseits an einem (gemäß biblischer Zählung) *sechsten* Wochentag, am Karfreitag, zum Knecht Gottes, auf den der Herr »die Schuld von uns allen« geladen hat (Jes 53,6) in der Last des Kreuzes, das er zu tragen hatte (Joh 19,17). Die synoptischen Evangelien berichten uns von einem Mann namens Simon aus Zyrene, den man zwang, für Jesus das Kreuz zu tragen. In der Darstellung des Lukasevangeliums wird dieser Simon transparent für alle, denen Lasten aufgelegt werden. Dort heißt es: »Ihm luden sie *das* Kreuz auf.« Es wird vermieden, wie in Mt 27,32 und Mk 15,21 zu sagen, daß es sich um *Jesu* Kreuz handelte. Und dann heißt es weiter: »damit er es hinter Jesus hertrage« (Lk 23,26). Wem ein Kreuz auferlegt wird, der befindet sich in der Schicksalsgemeinschaft mit Jesus. Wie Simon persönlich dazu stand – segnend oder fluchend –, bleibt offen. Wer aber ausdrücklich hinter Jesus hergehen will, von dem sagt Jesus: Er sage »Nein« zu sich, nehme sein Kreuz auf sich – »täglich«, wie Lukas hinzufügt (Lk 9,23) – und folge mir nach. Was das heißt, zu sich selbst »Nein« zu sagen, wird sofort erklärt: Keine Angst zu haben, sich zu verlieren, »denn wer sein Leben retten will, wird es verlieren; wer aber sein Leben um meinetwillen verliert, der wird es retten.« Ich bin doch immer bei dir und mit dir! Und Maria preist den

Herrn: »Auf die Niedrigkeit seiner Magd hat er geschaut. Siehe, von nun an preisen mich selig alle Geschlechter« (Lk 1,48).

Die 7. Stufe der Demut - im Zeichen »Waage«

♎ Wenn die Sonne um den 23. September wieder dem Äquator entlang läuft, tritt sie mit der Tagundnachtgleiche ins Zeichen *Waage.* Das Sigel dieses Zeichens ist eindeutig: Es zeigt einen in der Mitte aufgehängten Waagebalken. Von den Planeten ist dem Zeichen Waage die Venus zugeordnet, hier Ausgewogenheit[86], Ausgeglichenheit, Harmonie symbolisierend. Eine Waage bietet jedoch nicht ohne weiteres ein Bild der Ausgewogenheit, sondern erst, wenn die Bewegung des Auf und Ab dadurch zur Ruhe gekommen ist, daß beide Seiten richtig aufeinander abgestimmt sind. Ausgewogenheit ist also erst das Ergebnis eines Weges konzentrierten, einfühlsamen Bemühens. Und sie ist auch nur schwer festzuhalten. Schon am Tag nach der Tagundnachtgleiche beginnen die Tage kürzer, die Nächte länger zu werden. Die Waage neigt sich wieder zur anderen Seite – nur ein wenig erst: Das Zeichen Waage ist das *kardinale,* das erste Zeichen der herbstlichen Jahreszeit. Die volle Entschlossenheit zum Herbst ist noch nicht da. Die *Luft* ist das dem Zeichen Waage zugeordnete Element, hier Symbol einer hin und her abwägenden Grundeinstellung. Das entsprechende *sanguinische* Temperament zeigt sich hier als Flexibilität, aber auch als Unentschiedenheit, die um so größer wird, je mehr man sich verleiten läßt, sich allen gewogen zu zeigen, ohne etwas (oder: um nichts) wagen zu müssen. Die Gefahr des Waagetyps ist, nie zur Ruhe zu kommen – auch dadurch, daß man auf jeden wuchtigen Stoß, jede gewichtige Belastung mit einer entsprechenden Gegenbewegung reagiert.

Die Ruhe aber ist der 7. Begriff in der 27. Admonitio des heiligen FRANZ VON ASSISI: »Wo Ruhe ist, ... da gibt es keine Aufregung.« Zu solcher Ruhe bedarf es des Rückgrates, eines festen Haltes und Standpunktes, der auch den Mut zum Wagnis einschließt, nicht also mehr abhängig ist von der Angst um das eigene Ich, die sich lähmend in Unentschiedenheit auswirkt – oder dann in der unausweichlichen Entscheidung »an die Nieren« geht: Die *Nieren* sind in Verbindung mit dem ganzen Beckenbereich die dem Zeichen Waage zugeordneten Körperorgane. DANE RUDHYAR stellt den Gefahren des Waagetyps die Gelassenheit gegenüber, und er versteht diese Gelassenheit als »das Gefühl, daß man von einem umfassenderen Leben gelebt wird«[87]. Solche Gelassenheit ist das Gegenteil zum krampfhaften Bemühen, mit Gewalt sich durchzusetzen. Solche Gelassenheit setzt vielmehr Verständnis für das Gegenüber und Einverständnis mit dem Gegenüber voraus. Im Bild der Waage gehören also die Bewegungen des Auf und Ab und die abwägende und gewogene Ausrichtung auf das Gegenüber zusammen.

Im Kreis der zwölf Zeichen steht das siebte dem ersten gegenüber. Die Waage steht dem Widder gegenüber, dem Symbol des Menschen im Aufbruch zu seiner Selbstfindung. Die Waage verweist auf das polare Du, mit dem sich der Mensch auf dem Weg zur Ichfindung auseinandersetzen muß. »Der Mensch wird am Du zum Ich«, schreibt Martin Buber.[88] Waage meint grundsätzlich Flexibilität in der Ausrichtung auf das Gegenüber. Das Ziel wäre, im gegenseitigen Gewogensein ein Ende und das Ziel der eigenen Bewegtheit, also Ausgleich und Ruhe zu finden. Die Gefahr liegt in der unangemessenen Reaktion des Eigengewichtes: Rücksichtslose Anmaßung und Verwegenheit machen das Gegenüber zum Gegner.

BENEDIKT gibt als 7. Stufe der Demut die Weisung, daß der Mönch sich nicht nur mit dem Munde sagt, sondern auch aus tiefstem Herzen glaubt, daß er niedriger – »inferior« – und weniger wert sei als alle anderen. Begründet wird diese Selbsterniedrigung damit, daß der Mönch sich mit den anschließend zitierten Psalmversen identifiziert: zunächst mit Vers 7 aus Psalm 22, den Christus am Kreuz angestimmt hat, als er sprach: »Mein Gott, mein Gott, warum hast du mich verlassen?« (Mt 27,46; Mk 15,34). Der Psalm 22 durchzieht wie ein roter Faden die Leidensgeschichte Jesu in allen vier Evangelien. Vers 7 lautet: »Ich aber bin ein Wurm und kein Mensch, der Leute Spott, vom Volk verachtet.«

Ohne Überleitung schließt sich ein weiteres Zitat an, und zwar aus Psalm 88,16, lateinisch: *Exaltatus sum et humiliatus et confusus.* Der erste Teil dieses Satzes – *exaltatus sum* – hat allerdings im hebräischen Urtext keine Entsprechung. Wie ist der Satz zu verstehen? Wie hat BENEDIKT ihn verstanden? Ist es grammatikalisch richtig, »exaltatus sum« medial wiederzugeben, also: »Ich habe mich erhöht«, und »humiliatus sum« passivisch: »und ich wurde erniedrigt«?[89] Mir scheint es zumindest gerechtfertigt, wenn nicht geboten, zu übersetzen: »Erhoben wurde ich und gedemütigt« oder auch: »und zu Boden geworfen...«, »et confusus«: »und ich bin verstört«. Es geht sicher nicht am Wortsinn vorbei, wenn wir hier an das Bild eines Sturmes auf dem Meere denken, bei dem man mit den

Wogen hoch hinauf und dann wieder tief hinab geschleudert wird. Ein Bild, das wir auch aus Psalm 107,23 ff. kennen, wo von solchen die Rede ist, »die mit Schiffen das Meer befahren, und Gott gebot und ließ den Sturmwind aufstehen, der hoch die Wogen türmte« (lateinisch: *exaltati sunt fluctus eius*), so daß sie »zum Himmel emporstiegen und hinabfuhren in die tiefste Tiefe und ihre Seele in der Not verzagte«. Psalm 88,16 – so wie BENEDIKT diesen Vers versteht – spricht also wohl schlicht vom Auf und Ab des Lebens. Wir kennen die Erfahrung, »obenauf« zu sein; aber wir wissen auch, daß wir diese Erfahrung nicht festhalten können: Das nächste Tief kommt bestimmt. Wir werden uns wieder wie am Boden zerschlagen vorkommen.

Dieser Satz vom Auf und Ab schließt unmittelbar an das Zitat aus Psalm 22,7 an: »Ich aber bin ein Wurm…« Auf der ganzen siebten Stufe ist auch sonst nirgends von einem schuldhaften Verhalten die Rede. Es geht also wohl darum, daß wir die Erfahrung unserer Niedergeschlagenheit unserem Herzen einprägen sollen, um nicht in einer gefährlichen Weise selbstsicher zu werden in den Tagen, da es uns gut geht. Darum das dritte Zitat aus Psalm 119,71: Gut war es für mich, daß du mich zu Boden hast fallen lassen; so lernte ich deine Gebote. Das heißt: Du hast mich in eine heilsame Verunsicherung geführt, in einen notwendigen Lernprozeß zum Verständnis der Gebote Gottes, sie zu begreifen als hilfreiche An-gebote des Heils.

Es entspricht der Parallelität zum Tierkreiszeichen Waage, wenn auf der siebten Stufe zum ersten Mal auch ein Vergleich mit anderen ins Spiel kommt: Man soll davon überzeugt sein, weniger wert zu sein als

»alle«. Zum Verständnis dieser Aussage sei zunächst an das neutestamentliche Gleichnis vom verlorenen Sohn (Lk 15,11-32) erinnert. Dieser, der jüngere der beiden Söhne eines gütigen Vaters, hatte versucht, seinen eigenen Weg zu gehen. Er kommt völlig herunter, und so geht er in sich und faßt den Entschluß, aufzustehen und wieder zu seinem Vater aufzubrechen und ihm zu sagen: Ich bin nicht mehr wert, dein Sohn zu sein. Zunächst wollte er auch sagen: Mach mich zu einem deiner Tagelöhner. Aber dann wäre aus ihm ein Knecht geworden, und auf Dauer hätte sich bei ihm Verbitterung darüber eingestellt, daß der eigene Versuch mißglückt ist, daß er seine Chancen verspielt hat. Die Begegnung mit der Liebe des Vaters schenkt ihm die Freiheit und »Gelassenheit« (im Sinne RUDHYARs), in Wahrheit Sohn zu sein. »Gut war es für mich, daß du mich zu Boden hast fallen lassen...«

Der Mensch wird am Du zum Ich. Die Erfahrung der Liebe macht frei. Von da her fällt noch einmal neues Licht auf das Zitat aus Psalm 22,7 im Text der siebten Demutstufe: »Ich bin ein Wurm und kein Mensch...«. Die Gleichförmigkeit mit Christus, die hier ihren Ausdruck findet, beruht ja darauf, daß Er uns am Kreuz gleich geworden ist bis hinein in unsere Erfahrung der tiefsten Niedergeschlagenheit, der Gottesferne. In seiner Erniedrigung kommt Er uns entgegen wie der Vater dem Sohn im Gleichnis, ja weiter noch: bis an den Tiefpunkt des Menschseins, auch dahin, wohin der Sohn im Gleichnis heruntergekommen war als Abschaum der Menschheit. Daß Christus hinabstieg bis ins »Herz der Erde«, heißt es im Matthäusevangelium (12,40) im Blick auf das Bild des Jona im Bauch des Fisches. Und man muß hier das eindrucksvolle

Gebet des Jona (im 2. Kapitel des Buches Jona) mithören: »... Du hast mich in die Tiefe geworfen, in das Herz der Meere; mich umschlossen die Fluten. All deine Wellen und Wogen schlugen über mir zusammen. Ich dachte: Ich bin aus deiner Nähe verstoßen. ... Doch du holtest mich lebendig aus dem Grab herauf, Herr, mein Gott.« Bis dahin hat sich der Sohn Gottes zu uns herabgeneigt, um uns zu sich heraufzuholen. »Da Er die Seinen, die in der Welt waren, liebte, erwies Er ihnen Seine Liebe bis zur Vollendung«, heißt es im Johannesevangelium (13,1), bevor erzählt wird, wie Jesus Seinen Jüngern die Füße wäscht.

DANE RUDHYAR schreibt, die größte Prüfung der Gelassenheit bestehe in der Frage, ob die jeweiligen Partner das Geschenk der Herablassung annehmen können. Der ältere, zuhause gebliebene Sohn in unserem Gleichnis jedenfalls schmollt gegen den Vater, und er redet über seinen Bruder so, daß es fast wie Neid klingt. Von dem jüngeren Bruder hatte es geheißen, er habe alles durchgebracht (Lk 15,14). Der Ältere weiß es besser in seinen Vorwürfen: Mit Dirnen hat er's durchgebracht (Lk 15,30). Ein verräterischer Vorwurf, psychologisch gesehen eine Projektion, die etwas von seinen Vorstellungen, seinen Phantasien, seinen geheimsten Wünschen offenbart, die ihn zugleich aber den Schein wahren läßt, über seinen Bruder erhaben zu sein.

Die Verbitterung sitzt bei diesem älteren Sohn viel tiefer als im augenblicklichen Ärger: So viele Jahre diene ich dir, bin ich dein Knecht, und nie habe ich gegen deinen Willen gehandelt. Als Knecht hat er sich gefühlt, nicht als Sohn. Obwohl alles, was dem Vater gehörte, auch sein war, fühlte er sich dadurch benachteiligt, daß der Vater sich dem Heruntergekommenen zuneigt. Er hat den Weg zur Freiheit und Gelassenheit noch nicht gefunden, weil er mit den Lebensmöglichkeiten, die ihm geschenkt sind, gar nicht umgehen kann. Er ist nicht in sich gegangen, und darum ruht er auch nicht in sich; darum reagiert er so bissig, so gereizt und feindselig – so animos.

Psychologisch gesehen ist diese seine Animosität Zeichen der Unintegriertheit seiner Anima, womit der im archetypischen Sinn »weibliche« Teil der Seele des Mannes bezeichnet wird. Das Bild von Weiblichkeit, das in dem älteren Sohn wirksam ist, bewegt sich noch auf dem Niveau der Dirne. Frau ist für ihn Dirne: Objekt seiner männlichen Bedürfnisse, deren Erfüllung er sich versagen muß, die also unerfüllt bleiben. Darum kann dieser ältere Sohn im Grunde sich selbst nicht leiden. Um innerlich frei zu werden und sich nicht mehr als Knecht seinem Vater gegenüber zu fühlen, müßte er von seiner männlichen Härte – von seinen Manieren nach Art der rauhen Knechte – wegkommen und empfängnisbereit werden, ja diese Empfängnisbereitschaft – seine Anima – kultivieren. Dazu bedarf es der Begegnung mit dem Weiblichen auf einer anderen Ebene als der der Dirne.

Im Leben BENEDIKTs ist es Scholastika, seine Schwester, die nach den Worten Papst Gregors (in seiner Lebensbeschreibung Benedikts) mehr vermochte als dieser, weil sie mehr liebte. Die Begegnung mit ihr steht nahezu am Ende des Lebens Benedikts und hat hier eine einschneidende Bedeutung: »Dieses Zeugnis der Liebe einer Frau, die BENEDIKT als Mann in seiner gesetzesstrengen Regeltreue korrigiert, läßt diesen selbst zur Höhe der Kontemplation und damit zur Höhe der Gottesliebe aufsteigen«, schreibt Emmanuel Jungclaussen.[90]

Der »ältere« Sohn im »Gleichnis vom verlorenen Sohn« verkörpert ein früheres, noch unreifes Stadium der Entwicklung. Der jüngere Sohn ist weiter: Aufgrund seiner Bewegung erst abwärts und dann wieder nach oben ist er empfänglich geworden für die Liebe, selbst liebenswürdig und liebesfähig. Das ist das Ziel der siebten Demutstufe: mit dem intimsten Affekt des Herzens »allen« mit Hochschätzung zu begegnen. Diese Hochschätzung der anderen, ihnen in Ehrfurcht sich zuzuneigen trotz ihrer leiblichen und charakterlichen Schwächen, legt Benedikt seinen Mönchen im 72. Kapitel RB besonders ans Herz als Voraussetzung dafür, daß sie einander die brüderliche Liebe erweisen und so jeder die anderen auch mit neuen Augen sieht – sie nicht nur als Objekt abschätzend, sondern entdeckend, was sie liebenswert macht, so daß sie in der Tat von Herzen zueinander aufschauen können.

PAULUS schreibt in seiner siebten Gruppe von Mahnungen in Römer 12,15-16 b: »Laßt euch aufeinander ein! Freut euch mit den Fröhlichen und weint mit den Weinenden! Strebt in ehrlicher Selbsteinschätzung nach Ausgleich. Strebt nicht hoch hinaus, sondern bleibt demütig.« Wörtlich: »Laßt euch zu den Niedrigen herabziehen!« Auch hier steht deutlich das Bild einer Waage im Hintergrund. Auch hier geht es zunächst nicht um Ausgewogenheit, sondern um eine Gleichgestaltung mit Christus, die sich darin zeigen muß, daß wir uns einander zuneigen.

Die 8. Stufe der Demut - im Zeichen »Skorpion«

♏︎ Um den 23. Okober tritt die Sonne in das Zeichen *Skorpion,* das *stabile* Zeichen im Herbst, seiner Symbolik nach ein sehr hintergründiges Zeichen. Sein Sigel sieht aus wie ein m mit einem kleinen Stachel oder Widerhaken. *Wasser* ist das zugehörige Element, hier jedoch nicht, wie in Verbindung mit dem Mond im Zeichen Krebs, Bild der Tiefe, des Fließenden und Nicht-Festen, sondern bedrohlicher Abgründigkeit. Denn der zugehörige Planet ist traditionell der Aggressivität symbolisierende *Mars,* heute allgemein ergänzt durch den erst 1930 entdeckten *Pluto,* der seinen Namen vom Herrscher der Unterwelt hat und zugleich im geistigen Bereich eine so ungeheure Dynamik, ja Sprengkraft symbolisiert, wie sie im materiellen Bereich mittels des Plutoniums freigesetzt werden kann. Das Element Wasser, dem im Zeichen Skorpion eine solche Dynamik innewohnt, äußert sich im entsprechenden *phlegmatischen* Temperament naturgemäß nicht wie im Zeichen Krebs als Schwermut, sondern als Sehnsucht. Im menschlichen Körper entsprechen dem Zeichen Skorpion die *Geschlechtsorgane.* Sehnsucht zielt auf ein Durchbrechen der eigenen Begrenztheit, wie sie einmal durch die eigene Individualität und zum anderen durch das Gesetz des Sterbens gegeben ist. Sehnsucht zielt auf Vereinigung, ja Verschmelzung mit dem Du, letztlich mit dem Ganzen des Kosmos, zielt auf Umwandlung und Erneuerung des Lebens; diese aber gibt es nicht ohne die zugleich schmerzliche Erfahrung des Todes. Es gibt kaum eine Interpretation des Zeichens Skorpion, bei der nicht das »Stirb und Werde« aus dem Gedicht »Selige Sehnsucht« in Goethes West-Östlichem Divan zitiert wird. Man muß aber wohl das ganze Gedicht mitbedenken:

1. Sagt es niemand, nur den Weisen,
   Weil die Menge gleich verhöhnet,
   Das Lebend'ge will ich preisen,
   Das nach Flammentod sich sehnet.

2. In der Liebesnächte Kühlung,
   Die dich zeugte, wo du zeugtest,
   Überfällt dich fremde Fühlung,
   Wenn die stille Kerze leuchtet.

3. Nicht mehr bleibest du umfangen
   In der Finsternis Beschattung,
   Und dich reißet neu Verlangen
   Auf zu höherer Begattung.

4. Keine Ferne macht dich schwierig,
   Kommst geflogen und gebannt,
   Und zuletzt, des Lichts begierig,
   Bist du Schmetterling verbrannt.

5. Und solang du das nicht hast,
   Dieses Stirb und Werde,
   Bist du nur ein trüber Gast
   Auf der dunklen Erde.

»Das Lebend'ge will ich preisen / Das nach Flammentod sich sehnet...«: »Gepriesen wird die Sehnsucht, nicht der Tod.«[91] Denn: »dich reißet neu Verlangen / Auf zu höherer Begattung.« Und doch: »zuletzt, des Lichts begierig, / Bist du Schmetterling verbrannt.« DANE RUDHYAR schreibt mit Blick auf den Skorpionmenschen: »Der Geist des Nachtfalters wird von der Flamme verzehrt, die ihn so leidenschaftlich angezogen hat. Jede Seele wird von dem verschlungen, was sie verehrt. ... Wer göttlich werden will, muß Gott mit alles verzehrender Leidenschaft lieben. Und dennoch ... Der spirituelle Jünger kann Gott nicht ›erkennen‹, wenn er nicht gleichzeitig das Gefäß der Göttlichkeit bleibt. Identifikation kann nur durch die Nicht-Identifikation des Bewußtseins mit dem Identifikationsprozeß gelingen. Vom Feuer verzehrt zu werden und dennoch die Flamme zu hüten, das ist das Ziel. Dieses Ziel kann nur durch den Einsatz des magischsten Geistgeschenkes erreicht werden: die Kraft der Nicht-Identifikation. ... Je größer die Macht der Bilder, umso größer die Gefahr vollständiger Identifikation des Ego mit dem Idol... Die Kraft der Nicht-Identifikation, die dem Menschen durch den Geist verliehen wird, ist die Kraft der Erhaltung im Selbst, nicht aber der Selbsterhaltung[92]« Das scheint mir eine ganz wichtige Unterscheidung zu sein. Sie erinnert an das Wort Jesu: »Wer sein Leben retten will, wird es verlieren; wer aber sein Leben um meinetwillen verliert, der wird es retten« (Lk 9,24).

Hier wird die Anweisung BENEDIKTs für die achte Demutstufe zur genau richtigen Wegweisung. Sie besteht aus nur einem Satz: »Der Mönch tut nur das, wozu ihn die gemeinsame Regel des Klosters und das Beispiel der Väter mahnen.« Hier geht es nicht um mangelnden Eifer, sondern um die Warnung vor dem eigenwilligen Übereifer, den BENEDIKT im 49. Kapitel RB (»Die Fastenzeit«) als »Anmaßung und eitle Ehrsucht« brandmarkt: eine sehr subtile, sich den Anschein besonderer Frömmigkeit und Gottesliebe gebende, darum aber um so gefährlichere Form der Selbstbehauptung. Eine Variante der Selbstbehauptung zu solchem Übereifer ist das Hinterfragen der vorgegebenen Anordnungen, das Hinterfagen: Was bringen sie mir?

DANE RUDHYAR schreibt: »Nur der Mensch kann Gott erreichen, der in seiner eigenen spirituellen Identität fest bleibt. ... In dieser Leistung wird die Magie des idealen Skorpionmenschen perfekt erfüllt. Die Technik, die dahin führt, ist im wesentlichen die Technik des rituellen Vollzuges. Zu dieser Technik werden Formen aufgebaut, die ... die Fähigkeit verleihen, die im Prozeß der Identifikation mit den großen Bildern des Unbewußten entfesselte Kraft zu bewahren.«[93] Es ist darum sehr sinnvoll, wenn FRANZ VON ASSISI in seiner 27. Admonitio als achten Begriff in Entsprechung zum achten Tierkreiszeichen die Meditatio nennt; denn in der Meditatio bleibt in der Flamme der Liebe das Selbst davor bewahrt, sich zu verlieren, bewahrt aber auch – wie Franz sagt – vor »Unstetigkeit«, vor der Unstetigkeit eines ständigen krampfhaften Bemühens um Selbstbehauptung.

Auch BENEDIKTs Weisung, nur das zu tun, wozu die gemeinsame Regel des Klosters und das Beispiel der Väter mahnen, auch diese Weisung zielt nicht auf eine Minimalisierung der »geistlichen Sehnsucht und Freude« (RB 49,7) oder gar auf Spießbürgerlichkeit, sondern auf eine Ritualisierung des Lebens. In der Lebensordnung des Klosters hat alles seinen bestimmten Ort und seine bestimmte, damit aber auch seine begrenzte Zeit: der Gottesdienst und die Arbeit, das Essen und die Erholung, das Freisein für die geistliche Lesung, das persönliche Gebet, das Beisammensein und das Alleinsein. Eine solche Ordnung ist Ausdruck der gläubigen Gewißheit, daß Gott seine Schöpfung in Raum und Zeit nach Maß und Zahl geordnet und allen Mächten »eine Grenze gesetzt hat, die sie nicht überschreiten dürfen« (Ps 104,9). Konsequente Grenzsetzung, konsequente Einhaltung der Grenzen ist nicht nur Forderung, das Gebotene im vorgegebenen Maß wahrzunehmen, sondern auch Schutz, und zwar in zweifacher Hinsicht: zum einen Schutz gegen ein Überflutetwerden von außen, etwa seitens von außen andrängender Arbeit; zum anderen Schutz aber auch gegen eigenen überschäumenden Schaffensdrang von innen. Es werden die Möglichkeiten abgegrenzt, die wirklich wahrgenommen werden können – und müssen! – gegenüber dem, womit ich auch hier wieder in Gefahr bin, mein Leben bewahren zu wollen oder auch mich verzehren zu wollen, das wahre Leben aber gerade dadurch zu verlieren. So schmerzlich solche Grenzsetzung oft ist: sie verwandelt Chaos in Kosmos. Und die Wahrung heiliger Räume und Zeiten gibt diesem Kosmos eine Mitte und von ihr her die rechte Perspektive, Orientierung und Stärkung. Ritualisierung ist also eine Weise, sich mit der Wahrheit des Lebens vertraut zu machen. Ritualisierung prägt die Erinnerung des Herzens dahingehend, daß nicht alles zu jeder Zeit gleich-gültig ist. Es kann nur dann in unserem Leben Zeiten geben, in denen Sehnsucht zu freudiger Erwartung wird, wenn sich der Erinnerung unseres Herzens bestimmte, nicht beliebig auswechselbare Fixpunkte einprägen. »Es wäre besser gewesen, du wärst zur selben Stunde wiedergekommen«, läßt Antoine de Saint-Exupéry den Fuchs zum kleinen Prinzen sagen. »Wenn du zum Beispiel um vier Uhr nachmittags kommst, kann ich um drei Uhr anfangen, glücklich zu sein. Je mehr die Zeit vergeht, um so glücklicher werde ich mich fühlen. Um vier Uhr werde ich mich schon aufregen und beunruhigen; ich werde erfahren, wie teuer das Glück ist. Wenn du aber

irgendwann kommst, kann ich nie wissen, wann mein Herz da sein soll. ... Es muß feste Bräuche geben.«[94]
Die gemeinsame Regel des Klosters als sakrosankte Ordnung: »Diese Regel nimmt der Mönch mit dem Eintritt ins Kloster als sein ›Gesetz‹ an, als die Ordnung, die es in schlichter Bereitschaft wie selbstverständlich zu befolgen gilt. Nur so wird sie ihre lebensgestaltende Kraft erweisen«.[95] *Wie* selbstverständlich – *velut* naturaliter (RB 7,68): einfachhin selbstverständlich und natürlich ist diese Bereitschaft nicht. Sie ist gewachsen aus der Liebe zu Christus (hier gebraucht BENEDIKT das vitale Wort *amor*), und sie ist gewachsen durch lange Gewohnheit. Daß diese Bereitschaft »wie natürlich« sei und frei von Angst, das sagt BENEDIKT erst am Ende des 7. Kapitels der RB, nach dem Durchschreiten aller Stufen der Demut. Diese »Natürlichkeit« ist das Ergebnis vieler Tode und zugleich eine Erfahrung des neuen Lebens auf dem Weg, von dem auch BENEDIKT sagen könnte: »Und solang du das nicht hast,/ Dieses: Stirb und Werde,/ Bist du nur ein trüber Gast/Auf der dunklen Erde.«

In dieser Natürlichkeit kommt das Paradies in Sicht, das biblische Bild für die Sehnsucht und das Ziel des menschlichen Weges (vgl. Lk 23,43; Offb 22,2), das biblische Bild nicht nur für die verlorene Ursprünglichkeit, sondern auch für das Ziel, wenn wir zu dem, den wir verlassen haben (RB, Prol. 2), zurückkehren durch die Mühe des Gehorsams – der »*Gehorsamkeit*«, müßten wir richtiger sagen; denn im Griechischen und Lateinischen (und auch im Althochdeutschen) ist das Wort für »Gehorsam« weiblich. Nicht ein Parieren ist gemeint, sondern die Offenheit eines »hörenden Herzens« (vgl. 1 Kön 3,9). Das Paradies als Ziel des klösterlichen Weges, das findet als Gabe und zugleich Aufgabe seinen Ausdruck im Gelübde der Stabilitas, der »Beständigkeit«.

Die Weisung BENEDIKTs für diesen Weg hat freilich die exzeptionelle Situation des Mönches im Auge. Die meisten Menschen sehen darin nicht den Weg »seliger Sehnsucht« – um nochmals den Titel des Goethe-Gedichts vom »Stirb und Werde« aufzugreifen –; die meisten hören daraus nur wie Goethes »Faust«: »Entbehren sollst du! Sollst entbehren!« (V. 1549). Im Faust hat Goethe dem Skorpiontyp Gestalt gegeben in einem dramatischen Gegenbild zum benediktinischen Mönch. Doch sein Drama wird zur Tragödie. Es gelingt Faust nicht, zum Augenblick zu sagen: »Verweile doch! Du bist so schön!« (V. 1700). So ist er »der Unbehauste« schlechthin: »Der Unmensch ohne Zweck und Ruh,/ Der wie ein Wassersturz von Fels zu Felsen brauste,/ Begierig wütend nach dem Abgrund zu« (VV. 3347–3350).

Wenn Faust den Mephistopheles »Schlange« nennt (V. 3323), dann kommt damit die Tiefendimension des Zeichens Skorpion in den Blick. Als astrologisches Symbol des »Stirb und Werde« ist der Skorpion weitgehend identisch mit dem mythischen Symbol der Schlange. Die Bibel sieht in diesem Symbol – das läßt sich nicht leugnen – eine Verführung: die verführerische Faszination eines ewig sich erneuernden Lebens, eine Faszination, die ein Sein wie Gott verspricht (Gen 3,5f.), in Wahrheit aber zum Verlust der Lebensqualität des Paradieses, zur Erniedrigung in den Staub der Erde führt. Der Kampf mit der Schlange bestimmt den Weg des Menschen zeitlebens und auf Leben und Tod (Gen 3,15): Die Schlange wird den Menschen immer wieder an der Ferse treffen, gerade an dem Teil also, mit dem er fort-schreitet. Gerade sein Fortschritt ist seine Verwundbarkeit, seine anfällige Stelle für das Gift der Schlange.

Doch wäre das biblische Bild der Schlange unvollständig ohne die Schlangengeschichte in Numeri 21,4-9: Zur Strafe dafür, daß das Volk sich gegen Gott auflehnte, sandte Gott Giftschlangen, die die Menschen bissen, so daß viele starben. Auf Geheiß Gottes aber machte Mose eine solche Schlange aus Kupfer und hängte sie an einer Stange auf, und wer immer von einer Schlange gebissen wurde und auf die kupferne Schlange blickte, blieb am Leben. Gott nimmt die Schlangen nicht einfach weg. Sie sind nicht nur Bild einer verführerischen Faszination, die sich dann, wenn der Mensch sich auf sie einläßt, gegen ihn wendet; sie sind Bild des Lebens mit all seinen Möglichkeiten und Geheimnissen, aber eben auch in aller Ambivalenz. Der hebräische Urtext von Numeri 21,4-9 nennt die Schlangen, die das Volk beißen, »Saraf-Schlangen« und die Schlange, die Mose anfertigen soll, einen »Saraf«. Nach Jesaja 6,2.6 stehen geflügelte Sarafe vor Gottes Thron und künden seine Heiligkeit. Nach Deuteronomium 8,15 und Jesaja 14,29; 30,6 dagegen sind die Saraf-Schlangen besonders gefährliche, unheimliche Wesen in der Wüste. Die einen wie die anderen werden mit dem gleichen Wort bezeichnet. Schon in der griechischen Übersetzung aber wird sprachlich unterschieden, und auch die Einheitsübersetzung der Bibel spricht in Jesaja 6,2.6 von »Serafim«, die, bedeckt mit sechs Flügeln, vor dem Throne Gottes den Gesang des dreimaligen »Heilig« singen. Die Sarafe in der Wüste aber heißen in der Einheitsübersetzung »Schlangen«, »Giftschlangen«, »fliegende Drachen«. So wird nicht mehr deutlich, daß die biblische Ursprache ursprünglich beides – in aller Ambivalenz – zusammenhält.

Die Schlange ist Symbol des ganzen geschaffenen Lebens. Verführerisch ist sie, insofern das Leben abgründig-verführerische Seiten hat. Aber das ist nur die eine Seite. Wenn es Offenbarung 12,9 heißt, daß »der große Drache, die alte Schlange, die Teufel oder Satan heißt und die ganze Welt verführt«, gestürzt wurde, dann kann diese Verteufelung leicht in verhängnisvoller Weise als Legitimation unserer Projektionen mißverstanden werden, mit denen wir die gottfeindlichen Mächte nicht in uns, sondern in unserem Gegenüber ausmachen und dann glauben, uns am Strafgericht Gottes über die »böse Welt« beteiligen zu müssen. Hier trifft PAULUS sehr genau die Gefahr des sich auf seiten Gottes fühlenden Skorpiontyps, wenn er als achte Anweisung (Röm 12,16 c-17) schreibt: »Haltet euch nicht selbst für weise (d. h., für das Maß aller Dinge)! Vergeltet niemand Böses mit Bösem! Seid allen Menschen gegenüber auf Gutes bedacht!«

Vorsicht ist angebracht bei einer Verteufelung der Schlange, daß nicht eine Verteufelung des Lebens und der Welt insgesamt daraus wird. Die Schlange ist auch weiterhin Zeichen des wahren Lebens: »Wie Mose die Schlange in der Wüste erhöht hat, so muß der Menschensohn erhöht werden, damit jeder, der glaubt, in ihm das ewige Leben hat. Denn Gott hat die Welt so sehr geliebt, daß er seinen einzigen Sohn hingab, damit jeder, der an ihn glaubt, nicht zugrunde geht, sondern das *ewige Leben* hat« (Joh 3,14-16): *Ewiges* Leben, nicht *ewig sich erneuerndes* Leben wie im Kreislauf der Natur; aber ewiges Leben als schon jetzt reales Leben. Nicht die Verteufelung des Lebens ist unsere Aufgabe im Zeichen Skorpion, sondern die Unterscheidung im Umgang mit dem Leben, eine Unterscheidung, die aber gerade nicht aus der Anmaßung abgeleitet wird, selbst zu bestimmen »Gut und Böse« (Gen 3,4), die vielmehr darauf abzielt, alle tödlichen Sonderungen zu überwinden, um in Gott zur universellen Einswerdung zu gelangen.

Im Johannesevangelium ist Anfang und Prinzip (griechisch: *arché*) aller Zeichen Jesu die Verwandlung von Wasser in Wein – von Wasser, das hier nicht als »lebendiges« (vgl. Joh 4,11), sondern durch die Sechs-Zahl »steinerner« Krüge und seine Bestimmung »für die Reinigung« (Joh 2,6) als »totes« charakterisiert ist, in Wein als ein Bild feurigen Lebens. Diese Verwandlung »am dritten Tag« (Joh 2,1) findet im Kontext einer Hochzeit statt, und zwar so, daß schließlich Jesus als der Spender des guten Weines und die Gestalt des Bräutigams miteinander verwechselt werden können (Joh 2,9 f.). In der innigsten Vereinigung mit dem Sohn Gottes wird die Schlange zur Lichtgestalt des Lebens, wandelt sich der Skorpion mit seinem giftigen Stachel in das Bild des Adlers, jenes der vier Wesen, das zum Symbol des Johannesevangeliums geworden ist. Diese Verwandlung aber ist ein Lebensprozeß, in dem die Sehnsucht nach dem Paradies sich bewähren muß in der konkreten Gemeinschaft: in der Überwindung des Leidens an den täglichen Toden nicht dadurch, daß man sich derart am Leben vergreift, daß man es gerade dadurch verliert, sondern durch einen Lebenswandel, der orientiert ist an der »gemeinsamen Regel« für das Leben, indem man »das tut, was Er euch sagt« (Joh 2,5).

Die 9. Stufe der Demut – im Zeichen »Schütze«

Um den 22. November tritt die Sonne in das Zeichen *Schütze,* das neunte Zeichen, ein *fallendes,* das letzte der herbstlichen Jahreszeit. Tag für Tag breitet sich die Dunkelheit mehr aus; aber am Ende steht die Wintersonnenwende, gleichsam eine neue Geburt der Sonne. Der dem Zeichen Schütze zugeordnete Planet ist der *Jupiter:* Symbol eines Strebens nach Höherem, nach Lichtem, nach einer »heiligen Ordnung«, Symbol einer Ausrichtung auf ein Ziel, auf ein Ideal, das im Zeichen Schütze jedoch erst als Vision oder Idee in den Blick kommt. Diese Spannung kommt zum Ausdruck, wenn der Schütze traditionell als Kentaur dargestellt wird: als eine Gestalt, deren Oberkörper in Menschengestalt zielend den Bogen gespannt hat, deren unterer Teil aber ein Pferdeleib ist, oft mit Flügeln, Zeichen einer noch nicht integrierten, dunklen Wildheit, aber wohl auch einer naturhaften Sensibilität. Auch das Sigel für das Zeichen Schütze zeigt diese Spannung: ein nach rechts oben gerichteter Pfeil, der aber links unten durch einen Querstrich (die Sehne eines Bogens?) gleichsam von einem noch nicht aufgerichteten Kreuz festgehalten wird.

Als Element ist dem Zeichen Schütze wieder das *Feuer* zugeordnet, dem entsprechend das *cholerische* Temperament: hier als Glut der Sehnsucht und des zielstrebigen Einsatzes, die verhindert, daß die dem Jupiter eigene Zielsetzung allzu »jovial« verfolgt wird, die sich aber auch in einem eifernden Idealismus oder gar Fanatismus äußern kann und dann erbarmungslos alles verbrennt und überrennt, was ihr im Wege steht. Wie ja auch der dem Schützen eigene Zug ins Visionäre, ins Weite, sich einerseits in Großzügigkeit, in einer Kraft der Zusammenschau und Synthese erweisen kann, sich andererseits aber auch mit Realitätsfremdheit, mit einer Blindheit für das Nächstliegende und entsprechender Hilflosigkeit in den Alltäglichkeiten verbinden kann, auch mit einem Mangel an kritischem Urteilsvermögen und Diskretion. Dann besteht die Gefahr, daß man es mit der Realität nicht so genau nimmt, daß das Interesse sich auf den Schein konzentriert: Großartigkeit und Prahlerei statt Großzügigkeit, Scheinheiligkeit statt Heiligkeit. Oder es gibt den ritterlich für die Verwirklichung seiner Ideale sich einsetzenden Kämpfer für eine bessere Welt, der aber trotz all seines guten Eifers und seines guten Willens in seiner Weltfremdheit eine lächerliche Figur macht. Er hat literarisch durch Miguel Cervantes seinen klassischen Ausdruck gefunden in Don Quijote, dem »Ritter von der traurigen Gestalt«.

Die dem Zeichen Schütze zugeordneten Körperteile sind die *Oberschenkel.* Es stellt sich die Frage, ob die Knie (Steinbock), die Unterschenkel (Wassermann) und die Füße (Fische) mitmachen, was die Oberschenkel in Gang setzen.

Eine typische Schütze-Gestalt in der Bibel ist der Seher Bileam, ein Aramäer, von dem im Buch Numeri erzählt wird, daß Balak, der König von Moab, ihn rufen ließ, damit er Israel verfluche (Num 22-24). Der bekannteste Abschnitt aus der Bileam-Geschichte ist der Orakelspruch Bileams über den Stern, der in Jakob aufgeht. In der Römischen Liturgie wird dieser Text in der Zeit vor Weihnachten gelesen, im Advent[96], in der Zeit des Kirchenjahres, die im Zeichen Schütze steht: »Spruch Bileams, ... Spruch des Mannes mit geschlossenem Auge, Spruch dessen, der eine Vision des Allmächtigen sieht, der daliegt mit entschleierten Augen: Ich sehe ihn, aber nicht jetzt, ich erblicke ihn, aber nicht in der Nähe: Ein Stern geht in Jakob auf, ein Szepter erhebt sich in Israel. Er zerschlägt Moab die Schläfen« (Num 24,15-17). Bileam trägt diese Vision, die der Intention seines Auftraggebers, des Moabiterkönigs, entgegengesetzt ist, vor, weil er unbeirrbar nur das sagt, was Gott ihm »in den Mund legt« (Num 22,38).

Das Kentaur-Bild des Schützen hat in der Bileam-Geschichte eine Parallele in der Geschichte von dem Esel, auf dem Bileam zu Balak reitet (Num 22,21-35).[97] Dreimal versperrt ihm der Engel des Herrn den Weg. Bileam sieht den Engel nicht, er schlägt auf den Esel los, weil dieser dem Engel des Herrn ausweicht bzw. – wo das nicht geht – stehenbleibt und in die Knie geht. Der Esel beginnt zu reden. Es ist gleichsam die Stimme, die von unten heraufkommt, nicht aus dem Kopf, sondern »aus dem Bauch«, die Stimme des inneren Gefühls, die ja oft zu uns spricht, und wir schlagen sie tot. Diese Stimme, der Esel, fragt Bileam: »Was habe ich dir getan, daß du mich jetzt schon zum drittenmal schlägst? ... Bin ich nicht dein Esel, auf dem du seit eh und je bis heute geritten bist? War es etwa je meine Gewohnheit, mich so gegen dich zu benehmen?« (Num 22,28-30). »Nun öffnete der Herr dem Bileam die Augen, und er sah den Engel des Herrn auf dem Weg stehen, mit dem gezückten Schwert in der Hand.« Und der Engel sagt zu Bileam: »Ich bin dir feindlich in den Weg getreten, weil mir der Weg, den du gehst, zu abschüssig ist.« Auf seinen Weg und die Hindernisse auf seinem Weg hatte Bileam nicht geachtet; er wäre umgekommen, wäre sein Esel nicht ausgewichen. Bileam ist nun bereit umzukehren; aber der Engel des

Herrn heißt ihn weiterzuziehen: »Aber rede nichts, außer was ich dir sage.«

Vorher schon hatte sich Bileam nur auf wiederholtes Drängen Balaks hin und erst, nachdem Gott es ihm ausdrücklich erlaubt hatte, überhaupt bereit gefunden, dem Ruf Balaks zu folgen und prophetisch zu reden. Das entspricht der Weisung BENEDIKTs auf der neunten Stufe der Demut: Der Mönch hält seine Zunge vom Reden zurück, verharrt in der Schweigsamkeit und redet nicht, bis er gefragt wird. Als Begründung werden zwei Verse aus dem Alten Testament zitiert: Zunächst aus Sprichwörter 10,19: »Beim vielen Reden entgeht man der Sünde nicht.« Diese Stelle hat BENE-DIKT schon im sechsten Kapitel RB über die Schweigsamkeit zitiert – als Begründung dafür, daß selbst »vollkommenen Jüngern« nur selten die Erlaubnis zum Reden gegeben werden soll, auch wenn es sich um »gute, heilige und aufbauende Gespräche« handelt. Das zweite Schriftzitat zur neunten Demutstufe – aus Psalm 140,12 – spricht (in seiner lateinischen Formulierung) von der Richtungslosigkeit des Schwätzers. Dieser redet nur von sich und dreht sich darum ständig im Kreise um sich selbst. »Er kommt jeder Anfrage zuvor, beantwortet aber keine Frage. ... Er könnte aufbauen, hat aber gar nicht die Absicht, aufzuerbauen. Er ist nicht darauf aus, dich zu belehren oder von dir zu lernen, was er selbst nicht weiß, sondern daß gewußt wird, daß er weiß, was er weiß. Wenn immer religiöse Fragen zur Sprache kommen, werden sofort Visionen und Träume vorgetragen.« So charakterisiert Bernhard von Clairvaux den, der von der Form des Hochmuts geprägt ist, die der neunten Demutstufe entgegensteht.[98]

Damit die Gabe auferbauender Rede fruchtbar werden

kann, bedarf es nicht bloß der Schweigsamkeit, die der Prahlerei Einhalt gebietet, sondern zugleich der Aufhebung der Schweigsamkeit, wie sie auf der neunten Stufe der Demut gefordert wird: *Usque ad interrogationem* soll man schweigen – bis man gefragt wird, bis eine Anfrage, ein Anruf ergeht, wodurch das Reden dann seine Richtung erfährt. Auch die ideale Gesinnung, die Begeisterung für noch so hohe Ziele bedarf der Berufung, des Anrufes oder zumindest der aufmerksamen, gehör-samen, einfühl-samen Orientierung, um nicht monologisch und penetrant sich in Selbstgefälligkeit zu verlieren, sondern dialogisch und gezielt zu einem konstruktiven Beitrag werden zu können.

Bis man gefragt wird: Das meint also nicht ein passives Abwarten, sondern eine Aufgabe. Aber es wehrt der Aufdringlichkeit, dem vereinnahmenden Zugriff. Die Forderung der neunten Demutstufe stellt unser Verhältnis zueinander – so könnte man sagen – auf die Basis der Gastfreundschaft: Selbst die, die mir anvertraut sind, die auf mich angewiesen sind, gehören nicht mir; sie haben ein Recht auf ihre Freiheit. Ich habe sie immer nur zu betrachten (und zu behandeln) als meine Gäste – im Wissen, daß im Gast in Wahrheit Christus an- und aufgenommen wird (RB 53,7). Und es gibt auch Menschen, die sich nicht meiner Gastfreundschaft anvertrauen, für die ich nicht zuständig bin. Es gibt Dinge, die mich nichts angehen.

Für DANE RUDHYAR ist Solidarität, oder – wie er sagt – die *Kameradschaft*, d. h. die Kunst des Zusammenlebens, das, was der Schützemensch lernen muß, was alle lernen müssen, »die dazu neigen, die Menschlichkeit der Personen zu vergessen, die sie auf jede nur mögliche Weise zu irgendeiner großen (oder auch nicht so großen) Vision bekehren möchten«.[99] »Solidarität mit anderen Individuen zu empfinden bedeutet, ihnen mit all ihren individuellen Bedürfnissen und Charaktermerkmalen gerecht zu werden, ihnen nicht auf der Ebene von Abstraktionen und dogmatischen Glaubensvorstellungen zu begegnen, sondern im konkreten, wirklichen alltäglichen Leben. ... Solidarität ist Kameradschaft, und etymologisch gesehen sind Kameraden Individuen, die in einem Raum leben ... (Camera). ... Dieser Raum ist vielleicht ein kleines Zimmer, ein Palast, eine Stadt oder ein ganzer Planet. ... Menschen, die auf einem begrenzten Raum miteinander leben, müssen lernen, einander mit der notwendigen Achtung und Toleranz zu begegnen.«[100] Und jetzt etwas scharf und wohl kirchenkritisch: »Sie müssen lernen, einander als Personen zu verstehen und nicht als Sklaven irgendeines gesellschaftlichen Anliegens oder eines eifersüchtigen Gottes und seiner Priester.«[101]

PAULUS sagt in seiner neunten Mahnung (Röm 12,18): »Soweit es euch möglich ist, lebt mit allen Menschen im Frieden.« Es ist wohl nicht unwichtig, daß dieser im Griechischen partizipial formulierte Satz – wie die beiden vorhergehenden – noch zu dem Imperativ gehört: »Haltet euch nicht selbst für klug« (vgl. Spr 3,7) oder, wie man auch übersetzen kann: »Seid nicht für euch selber klug!«

Mit allen Menschen in Frieden leben hat zur Voraussetzung, daß man sie nicht mit den eigenen »großartigen« Ideen indoktriniert, sich ihnen vielmehr mit menschlich warmer Güte zuwendet und in diesem Sinne sich ihnen gegenüber in der Tat »jovial« verhält. Der neunte Begriff in der 27. Admonitio des hl. FRANZISKUS ist die *Furcht des Herrn* – diesmal mehr mit dem folgenden verschränkt als in den Sätzen vorher. Lassen wir ihn aber zunächst alleine stehen, dann ergibt sich für FRANZISKUS aus der Furcht des Herrn – aus jener Haltung Gott gegenüber, wie sie beispielsweise Bileam hatte –, daß der Feind, daß Feindschaft keinen Platz hat.

Die Adventszeit, in der die Sonne im Zeichen Schütze steht, ist eine Zeit der Sehnsucht, die zugleich dazu einlädt, daß die Ausrichtung auf das kommende neue Licht Wärme in das Zusammenleben der Menschen bringt. Dazu bedarf es der Stille, um nicht nur auf die Verheißungen Gottes, sondern auch auf die Bedürfnisse der Menschen zu schauen. Da wäre es wohl oft gut, wenn wir auf unseren Esel, auf unsere innere Stimme hören würden, wenn diese uns in aller oft so ziellosen und geschwätzigen Hektik unseres Kopfes auf den Engel des Herrn verweist, der uns eventuell den Weg versperrt, weil dieser, wenn wir ihn weitergehen, »zu abschüssig ist«. Und es wäre wichtig, sensibel dafür offen zu sein, ob von irgendwoher, von irgend jemand eine *interrogatio,* ein Anruf ergeht.

Die 10. Stufe der Demut – im Zeichen »Steinbock«

Das zehnte Tierkreiszeichen heißt im Deutschen erst seit dem 15. Jahrhundert *Steinbock.* In der älteren Bezeichnung »Fischbock« kommt besser die Vorstellung eines »Ziegenfisches« zum Ausdruck, die diesem Zeichen seinen ursprünglichen babylonischen Namen gab.[102] In der Antike zeigt die Darstellung gewöhnlich einen Ziegenbock mit Hörnern, der in seinem Unterleib in einen Fisch – häufig mit schlangenartig gewundenem Schwanz – übergeht. Das Sigel ist möglicherweise eine stilisierte Kombination aus Horn und Fischschwanz. Jedenfalls läuft das Sigel unten so aus, als sollte etwas eingerollt werden. Und das ist in der Tat bezeichnend für das Zeichen Steinbock. Die Sonne tritt in dieses Zeichen mit der Wintersonnenwende – um den 22. Dezember –, am kürzesten der Tage, die von nun an stetig länger werden, zunächst noch fast unmerklich.[103] Steinbock ist also ein *kardinales* Zeichen. Übersetzt in die Bildsprache des dem Zeichen Steinbock zugeordneten Elementes *Erde* heißt das: Der Same ist in die Erde gelegt, der Wachstumsprozeß ist grundgelegt, aber er steht noch ganz am Anfang. Das neue Leben bedarf noch des besonderen Schutzes. Das wird durch den zugehörigen Planeten *Saturn* symbolisiert, den letzten aller bis in die Neuzeit hinein bekannten, noch mit bloßem Auge sichtbaren Planeten. Als der »Grenzsetzende« ist Saturn nicht nur der »Sensenmann«, der Unglück und Tod anzeigt, sondern auch der »Formgebende«. Als solcher gilt er auch als der »Hüter der Schwelle« zu den in der Tiefe der Erde verborgenen Schätzen – zur alles durchformenden Weisheit –, als der Wegweiser zu »jenseitigen Ufern«. Im Zeichen Steinbock symbolisiert der Saturn jedoch vor allem das Bemühen um die notwendige Geborgenheit, die das Leben braucht, um sozusagen »überwintern« zu können. Da wird dieser Schutz freilich oft zum harten Panzer, der das Leben nicht nur *um*schließt, sondern auch *ein*schließt. Davon ist die dem Erdzeichen Steinbock entsprechende *Melancholie* geprägt. Im menschlichen Körper entsprechen dem Zeichen Steinbock die *Knie,* stellvertretend für alles, was den menschlichen Körper aufrecht erhält, was ihm Halt und Festigkeit gibt (das Knochengerüst, die Wirbelsäule).

FRANZ VON ASSISI hat in seiner 27. Admonitio als zehnten positiven Begriff das Bewachen des Hauses, verbindet das jedoch so mit dem jupiterhaften neunten Begriff »Gottesfurcht«, daß die Gottesfurcht gleichsam an der Schwelle steht, so daß der Feind zwar nicht eindringen kann, denen aber, die nicht als Feinde eintreten wollen – könnte man ergänzen –, in der Furcht Gottes begegnet wird. Diese Verbindung der Wachsamkeit an der Pforte mit der Gottesfurcht ist nicht unwichtig, da im Zeichen Steinbock das Bewachen des Hauses, für das man sich zuständig fühlt, für Ängstliche leicht zur Verschlossenheit gegenüber allem Neuen, zur Lebensfeindlichkeit werden kann. Das ist im Zeichen Steinbock die Gefahr aller imperialistischen Systeme. Im Mythos verschlingt Saturn – griechisch: Kronos – seine eigenen Kinder aus Angst, seine Herrschaft abgeben zu müssen. Das Neue Testament berichtet vom Kindermord des Herodes (Mt 2,3.13.16).

Saturnisch handeln auch die verschiedenen Personen in der Geschichte Judas (Gen 38): Sein Sohn Onan will seinem verstorbenen Bruder durch seine Schwagerehe mit Tamar keine Nachkommen verschaffen, weil diese Nachkommen »nicht ihm gehören würden« (Gen 38,9). Und nach dessen Tod verweigert Juda der Tamar seinen dritten Sohn, weil »er dachte: Er soll mir nicht auch noch sterben« (Gen 38,11). Juda wie Onan verhindern das eigentlich von Gottes Gebot her vorgesehene neue Leben; sie verhindern es, weil sie nicht loslassen können, was sie besitzen. Und doch kommt es dann auf eine von Juda nicht vorgesehene Weise, als er »vom Wege abbog« (Gen 38,16), zur Geburt des Perez »aus der Tamar« (Mt 1,3), durch den Juda – für den Preis eines Ziegenbockes! – zum Stammvater

Davids und Jesu wurde. Tamar ist die »andere Seite« des Steinbock-Typs: Sie kann zunächst warten, bis der dritte Sohn Judas groß geworden ist. Als sie aber merkt, daß ihr dieser auch jetzt noch vorenthalten wird, geht sie sehr zielstrebig und listig vor, um sich für neues Leben zu öffnen: Sie verhüllt sich, verbirgt das Gesicht ihrer wahren Persönlichkeit, setzt sich wie eine Dirne an den Ortseingang und läßt Juda bei sich einkehren, ohne daß er merkt, wer sie ist. Nicht darauf kommt es hier an, daß sie persönlich ein Kind bekommt. Sie geht die Gefahr ein, als Dirne verdächtigt zu werden, weil sie im Dienst des Weiterlebens des Hauses Juda steht: Judas' Siegelring will sie als Pfand für den Ziegenbock.

Es gehört zur Eigenart des Steinbock-Typs, persönliche Interessen zugunsten der übergeordneten Gemeinschaft und der Erhaltung ihrer Strukturen zurückzustellen und das einmal erkannte Ziel mit Stetigkeit, in mühsamer Kleinarbeit und mit persönlicher Anspruchslosigkeit zu verfolgen, ja sich selbst dafür freiwillig Opfer aufzuerlegen – oder sich entsprechende Opfer zu suchen: Der Ziegenbock mit seinen Hörnern ist wie der Widder und der Stier ein Opfertier. Es geht im Zeichen Steinbock also um harte Arbeit, um das Überdauern, um die Herausarbeitung dessen, was wirklich Bestand hat, um die Mühe, die notwendig ist, den Lauf zu vollenden und den Siegeskranz zu erringen. Da muß man sich persönliche Wünsche versagen. Im Zeichen Steinbock kann es nicht »gemütlich« zugehen, aber darin liegt auch die Gefahr: Gefordert sind Sachlichkeit, Pflichtbewußtsein, kühle Nüchternheit, zielstrebiger Einsatz: Wo haben da noch die Regungen des menschlichen Gemüts, wo haben da noch Gefühle Platz, offene

Herzlichkeit und warme Zugewandtheit? Wo bleibt bei allem zielstrebigen Pflichtbewußtsein der Mensch? Muß das Unterdrückte nicht irgendwann einfach hervorbrechen?

DANE RUDHYAR schreibt: »Das Tierkreiszeichen Steinbock symbolisiert das Reifestadium sozialer Formen des kollektiven Lebens.«[104] Damit ist »aber auch der Imperialismus, sei er nun sanft oder grausam, ... unausweichlich ... verbunden... Jeder Steinbock-Mensch hat in sich einen potentiellen Cäsar Augustus, wenn nicht einen Nero! ... Aber zu jedem Steinbock-Menschen mit all seinen Konflikten kann in der Nacht seiner Seele ein Christus kommen – das Licht, das das Chaos der Welt integrieren kann. ... So blind der Mensch auch sein mag, in seiner Tiefe sehnt er sich immer weiter nach etwas, was kein soziales Organisationsmuster und keine geplante Gesellschaft gewähren kann: die klare Erkenntnis eines jeden Individuums, daß es seine wesentliche Identität in sich trägt. Im persönlichen Leben könnte man eine solche Erkenntnis das Gefühl der persönlichen Integrität nennen, und davon leitet sich auch ein Gefühl persönlicher Verantwortlichkeit und eines individuellen Schicksals ab.«[105] Der Steinbock-Typ jedoch »erweist sich recht oft als ein Herodes, der bei der Nachricht der Geburt Christi zu Tode erschrickt« und »sich hartnäckig an die Strukturen des Imperiums klammert. ... Der Mensch ist fähig, Formen zu schaffen. Aber diese Formen sind Gefängnisse ohne die beseelende Kraft des Geistes.«[106]

Was ist BENEDIKTs Weisung angesichts der Gefahren des Steinbock-Typs? Auf der zehnten Stufe der Demut sei der Mönch nicht immer gleich am Lachen *(facilis ac promtus in risu).* Zu beachten ist, daß BENEDIKT von einer bestimmten Art und Weise des Lachens spricht – an dieser Stelle, aber auch an den anderen, an denen er über das Lachen spricht: Einmal im sechsten Kapitel (RB 6,8) »Über die Schweigsamkeit«. Dort will er ein für allemal und für immer alle Possenreißereien *(scurillitates),* alles geschwätzige und zum Lachen reizende Reden aus dem Kloster verbannt wissen. Ein »Possenreißer«, ein *scurra,* ist jemand, der sich in aufdringlicher und primitiver Weise über alles lustig macht, um sich als »maître de plaisir« interessant zu machen und sich Zugang zu ihm sonst verschlossenen gesellschaftlichen Kreisen zu verschaffen.[107] Sein Lachen ist eine »gemachte« *(facilis!)* Lustigkeit, ein Verhalten, an dem man sofort den nicht in sich ruhenden Menschen erkennt. Auch eines der »Werkzeuge der geistlichen Kunst« BENEDIKTs handelt vom Lachen. Hier (RB 4,45) heißt es, man solle das viele und ausgestoßene Lachen – *risum multum aut excussum* – nicht lieben: das dauernde Auflachen. Ähnliches meint wohl auch das Zitat aus Jesus Sirach 21,23 auf der zehnten Demutstufe: Den Toren charakterisiere eine im Lachen erhobene Stimme, ein »lautes« oder auch »schallendes« Lachen (wie gewöhnlich übersetzt wird), ein »exaltiertes« Lachen (wenn man das lateinische Wort *exaltare* aufgreift, das BENEDIKT zitiert). Bernhard von Clairvaux nennt die entsprechende Form des Hochmuts *inepta laetitia* – unpassende Lustigkeit –, ein Verhalten also, mit dem man zum Ausdruck bringt, daß man in einer unpassenden Weise Trost sucht, in einer sich anbiedernden Lustigkeit darauf aus ist, Beachtung zu finden.[108]

Solches unnatürlich wirkende Auflachen, das BENEDIKT meint, ist zumeist Ausdruck nicht einer inneren Heiterkeit, sondern einer unbewältigten Verschlossenheit, in der Menschen sich mit ihren Gefühlen wie in einem Panzer befinden. Ihr Lachen ist ein mißglückter Versuch, aus ihrer Panzerung auszubrechen: eine etwas gewaltsame Form der Kommunikation, mehr ein Auf*schrei* als ein Auf*lachen*. Das Problem, das sich im zehnten Zeichen ankündigt, ist also der rechte Ausgleich zwischen unseren Gefühlen und ihren Ausdrucksmöglichkeiten, die rechte Durchlässigkeit für unsere Gefühle, tiefer noch die Kultivierung unserer Gefühle. BENEDIKT verbietet das Auflachen. Irgendwo muß es aber doch hin, was sich, vielleicht lange unterdrückt, gewaltsam Luft macht und den äußeren Panzer durchbricht, was freilich, weil es nie kultiviert worden ist, leicht einen skurrilen Eindruck macht: wahren Menschseins eigentlich unwürdig, ein Überdie-Stränge-Schlagen, das sich auch in einem Nachholbedarf der Genußsucht äußern kann: Man verschlingt gleichsam, was man sich so lange hat versagen müssen, was man sich versagt hat um des geistlichen Fortschritts willen. Das ist ein Problem freilich nicht nur des geistlichen, des asketischen Fortschritts, sondern jeder Fortschrittsorientiertheit: die unintegrierte, hemmungslos aufbrechende Vitalität der leiblichen Bedürfnisse.

Was BENEDIKT auf der zehnten Stufe der Demut sagt, ist eine Problemanzeige, aber – Gott sei Dank – nicht alles, was er zu diesem Problem als Weisung zu sagen hat. Gleichsam als Zusammenfassung der ganzen Wegweisung BENEDIKTs wird uns noch einmal eine Synthese vor Augen gestellt in dem wichtigen Kapitel 72 RB: »Von dem guten Eifer, den die Mönche haben sollen«. Hier sind mehrere Schriftstellen miteinander verwoben. Zu ihnen gehört vor allem Römer 12,10-12, ein Text also, den wir schon immer mitbedacht haben.

Das erste, was BENEDIKT daraus aufgreift: Laßt euch durchglühen vom Geist – *spiritu ferventes* (Röm 12,11). Bei BENEDIKT wird daraus der *amor ferventissimus* – die glühendste Liebe. BENEDIKT hat hier nicht *caritas,* sondern *amor.* Griechisch wäre das *eros,* nicht *agape.* Am Anfang des Weges steht bei BENEDIKT der glühendste Eros. In der Tat – man kann davon ausgehen: den bringen die Mönche mit ins Kloster. Warum wären sie sonst da? Amor – Eros, das ist die leidenschaftliche Liebe, die einen packt und ergreift, so daß man selbst nicht weiß, wie und was einem geschieht. Der Eros kennt nicht die Frage nach dem Warum. Eros ist die Liebe, die aufbricht in der Begegnung, in der Entdeckung: das ist die brüderliche Gemeinschaft, die ich gesucht habe. Es wird dann zu klären sein, ob der Eros des Novizen »aus Gott« ist, ob der Novize »wirklich Gott sucht« (RB 58); darum muß gleich zu Beginn auch für die nötige Ernüchterung gesorgt werden. Aber gerade das zeigt um so mehr, daß BENEDIKT am Anfang mit noch ungeläutertem, dafür aber um so leidenschaftlicherem Eros rechnet. Es ist so etwas wie die Liebe der Brautzeit. Vieles hat hier ja in der Tat seine Parallele. Der Eros sucht die Erfahrung menschlicher Nähe und macht in der beglückenden Erfahrung solcher Nähe beschwingt, kreativ. Und was möchte man anderes, als daß das so bleibt?

Doch dann kommt die Enttäuschung, und sie kommt unausweichlich. Die Erwartung des Eros stößt sich an der menschlichen Begrenztheit. Jede menschliche Nähe hat ihre Grenze. Wir können nicht ineinander verschmelzen. Wir werden auf uns selbst zurückgeworfen. Was unvermeidbar ist, wird aber leicht als ein Sich-Versagen erfahren, als ein Versagen der anderen natürlich. Und wir sagen: Die haben mich enttäuscht –

ohne zu bedenken, daß es nur möglich war, mich zu enttäuschen, aufgrund einer Täuschung meinerseits. So macht die Enttäuschung sehr leicht bitter. Und es kommt zu all den bekannten Phänomenen, daß wir anfangen, aus Bitterkeit uns gegeneinander abzuschotten, einander weh zu tun. Unbewußt oft. Aber der Eros sitzt so tief, daß er sich – bewußt oder unbewußt – für die erlittene Enttäuschung rächt. Die anderen sollen merken, daß ich enttäuscht bin. Das kann dann auch wohl Formen lächerlicher Trotzreaktionen annehmen nach dem Motto: »Ist die Mutter selbst schuld, daß mich friert, hätte mich ja wärmer anziehen können«. *Inepta laetitia,* Schadenfreude, falscher Trost: enttäuschter Eros. Da ist vom glühenden Eifer oft vor allem das übrig geblieben, daß man sich gegenseitig das Leben zur Hölle macht: bitterer Eifer – *zelus amaritudinis,* wie BENEDIKT sagt.

Paulus sagt Römer 12,19 in seinem zehnten Mahnungskomplex: »Rächt euch nicht selber, Geliebte, sondern laßt Raum für den Zorn (Gottes); denn in der Schrift steht: Mein ist die Rache, ich werde vergelten, spricht der Herr.« PAULUS verbindet diese Mahnung ausdrücklich und betont mit der Anrede »Geliebte«: *agapetoi.* In der Gemeinschaft des Leibes Christi sind wir Geliebte und verpflichtet, einander zu lieben. Darum ist diese Gemeinschaft darauf angewiesen, die Vergeltung Gott anheimzugeben.

Es kommt jetzt ganz entscheidend darauf an, in einem neuen Anlauf die ganze Leidenschaft, die in der Gefahr ist, fehlgeleitet zu werden, wieder in guten Eifer zu investieren, der gezielt zur *agape,* zur *caritas* führt. Vom Eros zur Agape, das ist die Aufgabe der zehnten Demutstufe im Zeichen Steinbock, damit das, worauf der Eros suchend aus ist, in persönlicher Integrität auch Wirklichkeit wird: ein Prozeß, bei dem es einzuüben (RB 72,3: *exercere*) gilt, in gegenseitiger Achtung, in Ehrfurcht einander zuvorzukommen (RB 72,4), statt sich durch ehrfurchtsloses Lächerlich-Machen zu profilieren. Die Forderung der Ehrfurcht vor dem anderen durchzieht wie ein roter Faden die ganze Regel Benedikts. Sie hat ihren Grund in der Glaubensüberzeugung, daß uns im anderen der begegnet, der diesen anderen ebenso wie mich liebt und angenommen hat, der durch die Taufe in ihm wohnt, Christus, in dem ich mit diesem anderen »eins bin« – ohne Ansehen der Person (Gal 3,28 in RB 2,20). Hier wird vom Glauben her der andere ganz neu gesehen. Der andere als Gegenstand meines Eros tritt zurück. Er wird zum Geschenk, sofern ich im Glauben bereit bin, ihn an- und aufzunehmen, auch ihn »leiden« zu können – *patientissime tolerare,* wie BENEDIKT sagt. Hier mit Gespür für die göttliche Tiefendimension im Menschen einen neuen Anfang zu setzen, ist die besondere Begabung und Aufgabe des Steinbock-Typs in seiner zu persönlicher Integrität gereiften Form.

Der Steinbock (hebräisch: *gedi* = Ziege, Ziegenbock) ist in der Heiligen Schrift wie der Widder und der Stier ein Opfertier. Zwei Ziegenböcke spielen eine Rolle im Ritual des Versöhnungstages, wie es Levitikus 16 geschildert ist: Durch das Los soll einer der beiden Ziegenböcke dazu bestimmt werden, als Sündopfer für den Herrn dargebracht zu werden. Dem zweiten sollen die Hände aufgelegt werden, und dabei soll Aaron alle Sünden, Frevel und Fehler des Volkes bekennen und den Ziegenbock dann als »Sündenbock« »in die Wüste schicken«, damit er die Sünden dort irgendwo hinträgt. An seiner Stelle steht im Neuen Testament Christus, »der die Sünden der Welt hinwegnimmt«, die Last der Geschichte, die zwischen uns steht und es oft schwer macht, nach all den Sünden des enttäuschten Eros wieder neu aufeinander zuzugehen.

In einem zweiten Schritt gehört zu diesem Verarbeitungsprozeß, daß der andere mir zum Wort Gottes wird: Was will Gott mir durch ihn sagen, gerade auch, wenn er in exaltiertes Lachen ausbricht, gerade auch durch das an ihm, woran ich leide? Wo fühlt er sich durch mich verwundet? Wo bin ich Grund seiner Angst – ohne daß ich das weiß? Wo glaubt er – bewußt oder unbewußt –, sein wahres Gesicht vor mir überspielen zu müssen, und er tut es in seiner Hilflosigkeit in einer Weise, daß es lächerlich wirkt? Heilen würde ihn vielleicht, wenn ich meine Gaben mit ihm teile in der vielfältigen Bedeutung, die wir im Deutschen nur in Abwandlung des Grundwortes »teilen« zum Ausdruck bringen können: mitteilen, Anteil nehmen und geben, beteiligen. Jeder von uns hat in seiner Person Potenzen, deren Mitteilung dem anderen zum Heil wird; unsere Gaben sind auch unsere Aufgaben. Wenn wir Anteil nehmen am anderen, wird er sich als »Geliebter« erfahren. Aus dem egozentrierten Lachen, das aus ihm herausbricht, wenn wir uns versagen, wird dann ein befreites und befreiendes Lachen.

Die 11. Stufe der Demut – im Zeichen »Wassermann«

Das Zeichen *Wassermann* ist das einzige, dessen Darstellung einen ganzen, erwachsenen Menschen in Aktion zeigt: einen Mann, der aus einem Gefäß Wasser ausgießt. Im Hebräischen heißt dieses Zeichen *dli* = Schöpfgefäß, Eimer. Das Sigel zeigt Wasserwellen, also Wasser in Bewegung, dahinfließendes

Wasser. Daß der zur Reife gelangte Mensch das Dahin-
fließen in Raum und Zeit »ausgießt«, ist offenbar die
eigentliche Aussage der Darstellung dieses Zeichens.
Friedrich Weinreb erinnert in seinem Buch »Astrologie in der jüdischen Mystik« an das Ausgießen des
Wassers am zweiten Tag des Laubhüttenfestes im
Tempel, in ausgelassener Fröhlichkeit: »Im Weggießen
besteht die Freude an diesem Fest. Das Ausschütten
will sagen: Wir sind nicht mehr in Zeit und Raum
gefangen. Wir brauchen uns um das Logische und
Kausale nicht so zu sorgen.«[109]
Dem Zeichen Wassermann ist als Element die *Luft*
zugeordnet. Sie bestimmt das *stabile* Zeichen Wassermann mit großer Selbstverständlichkeit: die Luft diesmal in ihrer durchsichtigen Klarheit als Bild der Vergeistigung, einer Vergeistigung auch der Beziehungen
im Streben nach allumfassender Freundschaft und
Einheit, in der alle – ohne Unterschied des Ge-
schlechts – gleichermaßen Geschwister sind.
Von den Planeten sind dem Wassermann-Zeichen
Saturn und *Uranus* zugeordnet. Der Saturn symbolisiert als der letzte der sichtbaren Planeten die Begrenzung unseres sinnlich erfahrbaren Lebensbereiches:
Begrenzung als das, was allem Dahinfließenden seine
Form und Gestalt gibt, Begrenzung aber auch als
Einengung und damit zugleich auch als Schwelle zu
jenseits der Grenze liegenden Wirklichkeiten, zu
einem neuen Bewußtsein. Wenn nun in Verbindung
mit Uranus und im Element Luft feste Grenzsetzun-
gen gesprengt oder durchlässig werden, wenn Unterschiede aufgehoben sind, dann wird damit zwar nicht
die Einbindung in die Materie aufgehoben, die Leiblichkeit, doch ihre Form wird gleichgültig. Gleichge-
schlechtliche Beziehungen etwa wollen gleichrangig

neben der Ehe stehen. Das *sanguinische* Temperament des Wassermann-Typs zeigt sich darin, daß er die vorgegebenen Begrenzungen »locker« und »nicht so eng« sieht. Doch das Streben zielt nicht eigentlich auf eine Begegnung mit anderen, sondern auf eine Ausweitung des eigenen Ich. Uranus, der im Zeichen Wassermann dem Saturn heute zur Seite gestellt wird, ist der erste der »trans-saturnischen« Planeten, deren Entdeckung das auf alter Erfahrung beruhende klassische System der Siebenzahl der Planeten sprengte. Im griechischen Mythos war Uranus – zu deutsch: »Himmel« – ursprünglich in polarer Einheit mit der Erde verbunden. Durch die Trennung wurden aus der Tiefe kommende gewaltige Kräfte frei: die Titanen und Kyklopen. So steht der Planet Uranus in astrologischer Deutung für das neu und unberechenbar Hervorbrechende, das Geniale sowohl wie das Revolutionäre, auch das Zerstörerische. Entdeckt und so benannt wurde Uranus 1781 – ebenso wie das 1789 entdeckte und genauso benannte Uran am Vorabend der Französischen Revolution also. Zur Zeit BENEDIKTs war Uranus noch nicht ins Bewußtsein der Menschen getreten.

Gleichsam ein Fanfarenstoß am Beginn des neuzeitlichen Wassermann-Bewußtseins ist Friedrich Schillers Hymne an die Freude:

> Freude, schöner Götterfunken,
> Tochter aus Elysium,
> Wir betreten feuertrunken,
> Himmlische, dein Heiligtum.
> Deine Zauber binden wieder,
> was die Mode streng geteilt;
> alle Menschen werden Brüder,

wo dein sanfter Flügel weilt!
Seid umschlungen, Millionen!
Diesen Kuß der ganzen Welt!
Brüder – überm Sternenzelt
muß ein lieber Vater wohnen.

Im Musical »Hair« von J. Rado und G. Ragni, deutsch von W. Brandin, gibt es einen eigenen Wassermann-Song. In ihm lautet die zweite Strophe:

Harmonie und Recht und Klarheit!
Sympathie und Licht und Wahrheit!
Niemand wird die Freiheit knebeln,
niemand mehr den Geist umnebeln.
Mystik wird uns Einsicht schenken,
und der Mensch wird wieder denken,
dank dem Wassermann, dem Wassermann.

Wassermann, das meint eine Seite im Menschen, die heute in besonderer Weise als allgemeines Lebensgefühl zum Durchbruch gekommen ist. Insofern hat die Weisung, die BENEDIKT auf der entsprechenden elften Demutstufe gibt, eine besondere Aktualität.

Dem »Toren« mit seinem »exaltierten« Lachen, von dem auf der zehnten Demutstufe die Rede war, steht auf der elften Stufe der »Weise« gegenüber: »Den Weisen erkennt man an den wenigen Worten«. *Sapiens*, der lateinische Begriff für »weise«, kommt von *sapere* = schmecken, kosten. Der Weise ist der Verkostende. Darin findet er sein Genügen, seine Freude. Diese Freude kann ausgelassen sein. Doch hat der Weise es nicht nötig, durch auffällig lautstarkes Reden (*clamosus* – mit »Klamauk«) auf sich aufmerksam zu machen. Er redet vielmehr – das ist die eigentliche Weisung auf der elften Demutstufe – »ruhig *(lenis)* und ohne

Gelächter *(sine risu)*, demütig *(humiliter)* und mit Würde *(cum gravitate)*, wenige und vernünftige *(rationabilia)* Worte.«

Statt mit »ruhig« wäre *lenis* besser mit »sanft« übersetzt: Es ist ein Reden ohne Schärfe, ohne jedes Anzeichen von Unmut und Ärger, ganz und gar nicht aggressiv, dazu ohne *risus:* ohne andere auszulachen oder über sie zu lachen, sich über sie lustig zu machen, ein Reden ohne verletzende Ironie. Es ist ein einfühlsames Reden, ein der angesprochenen Person zugewandtes Reden.

Demütig und mit Würde soll man außerdem reden, schlicht also das sagen, was von der Sache her zu sagen ist, ohne sich in den Vordergrund zu spielen oder in unwürdiger Anbiederung sich gleichsam selbst zu überschlagen und so sich lächerlich zu machen. Sich nicht lächerlich zu machen, gibt BENEDIKT ausdrücklich in RB 43,2 als Begründung an für seine Mahnung, Würde zu wahren, selbst wenn größte Eile geboten ist. »Würde«: im Lateinischen steht dort *gravitas,* wörtlich: »Gewichtigkeit«. »Demütig« heißt im Lateinischen *humilis*; das ist ein von *humus* = Erdboden abgeleitetes Wort; demütig ist, wer auf dem Boden bleibt, nicht vom Boden abhebt, nicht überheblich ist. »Demütig« und »mit Würde«, das klingt im Lateinischen so, als sollten die Erdenschwere und die Materialität mit ihren Begrenzungen in Raum und Zeit, die Saturn symbolisiert, gewahrt werden.

Schließlich soll man auf der elften Demutstufe überhaupt nur wenige Worte machen; diese aber sollen *rationabiles* sein. Hier hat BENEDIKT seine Vorlage abgeändert: Der Magister will nur »heilige« Worte zulassen. Was meint das gewöhnlich mit »vernünftig« oder »angemessen« übersetzte Wort *rationabilis*?[110] Im

Neuen Testament (z. B. Röm 12,1; 1 Petr 2,2) ist es Wiedergabe des griechischen Adjektivs *logikos* (= »logisch«). *Logikos* ist, was von einem *logos* geprägt ist, von einem »Wort« (vgl. Joh 1,1-3), und das darum einen »Sinn«, einen »Grund« hat. In der lateinischen Sprache der Liturgie und der Kirchenväter gewinnt *rationabilis* die doppelte Bedeutung von »geistig« und »geistlich«: »geistig« im Sinne von »vernunftbegabt« und »geistlich« im Sinne eines Erfüllt- oder Geprägtseins vom Heiligen Geist. In dieser zuletzt genannten Bedeutung ist *rationabilis* austauschbar mit *sanctus* = heilig. Dieser Bedeutungsgehalt dürfte bei BENEDIKT also mitspielen, obwohl zu seiner Zeit *rationabilis* gewöhnlich soviel bedeutete wie »dem Wesen entsprechend«, »angemessen«, was bei einem geistlichen Menschen besagt, daß seine Worte dem entsprechen müssen, daß er in seinem Denken vom Wort und Geist Gottes geprägt ist. PAULUS sagt zu Beginn des 12. Kapitels des Römerbriefes, angesichts des Erbarmens Gottes sei es unser »angemessener« *(rationabile)* Gottesdienst, unsere Leiber Gott als Opfer hinzugeben. »Gottesdienst« ist in der lateinischen Übersetzung mit *obsequium* wiedergegeben, womit nicht so sehr wie im Griechischen die Verehrung, als vielmehr die Gefolgschaft betont ist: Leibhaftig, d. h. mit allen Fähigkeiten, sich Gott übereignen, ihm zu gefallen suchen, das sei die einzig angemessene Antwort auf das Erbarmen Gottes, die einzig sinnvolle Weise, Gott zu dienen.

Wahre Weisheit äußert sich in zugewandtem, erdverbundenem und zugleich verantwortlichem Reden und macht keinen »Klamauk«: So könnte man die Weisung der elften Demutstufe zusammenfassen. Sie scheint mir gut den Gefährdungen des Wassermann-Typs zu entsprechen, die sich ergeben, wenn es nicht zu einer wirklichen Vergeistigung des Saturnischen kommt, wenn sich statt dessen der Wassermann-Typ wie ein »Luftikus« gebärdet und das Saturnische leichtfertig zu sprengen sucht, ihm natürlich trotzdem verhaftet bleibt.

Eine erste solche Gefährdung im Zeichen Wassermann ist die Kehrseite der Vergeistigung und programmatischen, »Millionen« umschlingenden Allgemeinheit der Freundschaft, nämlich ein Mangel an persönlicher Zugewandtheit und Verbindlichkeit, an Nächsten-Liebe. Hier wäre jene Fähigkeit einfühlsamer Zuwendung einzuüben, die nach der Weisung BENEDIKTs den Umgang – nicht nur das Reden – der Mönche miteinander in der klösterlichen Gemeinschaft auszeichnen soll. Daß universelle Freundschaft konkret werden muß, hebt besonders PAULUS in seinem elften Mahnungskomplex hervor: »Wenn dein Feind Hunger hat, gib ihm zu essen, wenn er Durst hat, gib ihm zu trinken; tust du das, dann sammelst du glühende Kohlen auf sein Haupt« (Röm 12,20 = Spr 25,21 f.). Der elfte positive Begriff in der 27. Admonitio des FRANZ VON ASSISI ist *misericordia* = Barmherzigkeit.

Ein zweites Problem im Zeichen Wassermann ist das Fertigwerden mit Begrenzungen im Streben nach Freiheit. Das Aufbegehren gegen vorgegebene Autorität, gegen Gesetze und Ordnungen ist dafür typisch. Im Körper sind dem Zeichen Wassermann die *Unterschenkel* zugeordnet, das Schienbein. »Vor's Schienbein treten« ist eine geläufige Redewendung, wenn es darum geht, die in ihre Schranken zu weisen, die sich zu weit vorwagen und dabei von der Realität abheben, zu große Schritte machen oder zu große Reden führen. Freiheit bedeutet nicht Bindungslosigkeit oder gar

Willkür. Hier erweist sich die Mahnung BENEDIKTs, Demut und Würde zu wahren, als heilende Wegweisung: Denn die Demut, in der man ganz bei sich ist, und die Würde, die Souveränität, mit der man Schritt für Schritt auf ein Ziel zugeht, sie sind Voraussetzung und Ausdruck wahrer Freiheit.

Ein Wassermann-Typ ist im Johannes-Evangelium Philippus. Er gehört hier (vgl. Joh 1,43-44) zu den vier namentlich genannten ersten Jüngern Jesu (neben dem einen namenlos Bleibenden, der gleichsam als »Quintessenz« der Jüngerschaft das ganze Evangelium durchzieht). Von den vier namentlich Genannten ist, wie wir schon sahen, Petrus ein vom Element Feuer geprägter Widder-Typ und Nathanael ein erdhafter Stier-Typ. Offensichtlich sind die vier namentlich genannten Jünger so charakterisiert, daß mit ihnen alle vier Elemente – und damit auch alle vier Temperamente – in der Jüngerschaft Jesu vertreten sind. Friedrich Weinreb schreibt, daß nach jüdischer astrologischer Überlieferung (die gegebenenfalls für das Johannesevangelium als Hintergrund mitzubedenken wäre) Widder, Stier, Wassermann und Fische die vier »weiblichen« oder »irdischen«, die erfahrbare Wirklichkeit repräsentierenden Zeichen sind.[111] Das würde erklären, warum neben dem Widder-Typ Petrus und dem Stier-Typ Nathanael der das Element Luft repräsentierende Philippus als Wassermann-Typ und Andreas schließlich, das Element Wasser repräsentierend, als Fische-Typ dargestellt werden.[112]

Schon der Name des Philippus (= »Pferdefreund«) deutet auf Schnelligkeitsliebe. Gemeinsam mit Thomas, dem »Zwilling« (vgl. Joh 20,24), tritt Philippus bei den »Abschiedsreden« Jesu in dem Gespräch über Weg und Ziel hervor: »Herr, zeige uns den Vater, das genügt uns« (Joh 14,8). Das Eine, auf das alles hinzielt, wie eine letzte Formel zur Verfügung zu haben, das würde es erübrigen, den Weg zu gehen. Jesus verweist ihn auf den Weg. Er selbst ist der Weg, dem seine Jünger nachzufolgen haben. Zugleich ist er die Wahrheit und das Leben (Joh 14,6). Der Weg Jesu führt somit in Dimensionen, die ebenfalls dem Philippus nicht leicht zugänglich sind. So stellt er vor der Speisung der Fünftausend fest: »Brot für zweihundert Denare reicht nicht aus, wenn jeder von ihnen auch nur ein kleines Stück bekommen soll« (Joh 6,7). Das Zahlzeichen für 200 ist im Hebräischen der Buchstabe *resch*; *resch* aber heißt zugleich »Kopf«. Damit liegt angesichts der Speisung, die Jesus wirkt, in der Feststellung des Philippus auch schon die Antwort: Mit der Logik des Kopfes ist der Hunger der Menge nicht zu stillen. Offenbar aber tut sich Philippus schwer mit allem, was die Logik des Kopfes transzendiert. In der Berufungsgeschichte spricht er im Blick auf Jesus nicht wie Andreas von dem Messias oder wie Nathanael vom Sohn Gottes und vom König von Israel, sondern sehr viel »diesseitiger« von dem, über den Mose im Gesetz und die Propheten geschrieben haben: von Jesus aus Nazaret, dem Sohn Josefs (Joh 1,45). Aber auch er kann zu Nathanael sagen: »Wir haben gefunden« (Joh 1,45) und dann – wie Jesus selbst (Joh 1,39) –: »Komm und sieh!« (Joh 1,46).

DANE RUDHYAR spricht zunächst davon, daß das Wassermann-Bewußtsein versucht ist, die Grenzen zwischen Gott und Mensch aufzuheben angesichts der Kraft, die überall in den riesigen Räumen des Universums vorhanden ist und dennoch nirgendwo außer im Bewußtsein des Menschen – er schrieb das 1946 unter dem unmittelbaren Eindruck der ersten Atombom-

ben: »Viele kennen Techniken und Verwaltungsme-
thoden, aber nur wenige haben ihrem Gott auf die ent-
scheidende Frage geantwortet: Wozu?… Was wir
brauchen, ist ein spiritueller Sinn… Wenn wir für die
Stimme des schöpferischen Geistes in uns offen sind,
kann es nur eine Antwort geben: dienen. Der Wasser-
mann-Mensch in uns muß jene edle Stufe der menschlichen Entwicklung erreichen und zum ›Diener‹ werden … Er muß mit Kraft gefüttert werden, und diese
Kraft muß einen Sinn erhalten. Und es kann nur einen
wirklichen Sinn, nur ein wirkliches Ziel geben: Frieden.«[113]
Hier deutet sich ein drittes Problem an, das sich im
Saturn- und Luftzeichen Wassermann ergibt: ein
Trend zur Entgrenzung in die Weite, nicht aber in die
Höhe und Tiefe. Sie zeigt sich zum einen in der spe-
zifischen »Mystik« des Wassermann-Typs, einer »Erweiterung« des Bewußtseins, in der dieses sich in
gleichsam vormentaler Ichlosigkeit eins weiß mit dem
universalen Geist, der den ganzen Kosmos beseelt.
Zum anderen zeigt sich dieser Trend zur Entgrenzung
in einer aufgeklärten Rationalität universaler techni-
scher Machbarkeit. Für das Geheimnis metaphysi-
scher Wirklichkeit hat das Wassermann-Bewußtsein
dagegen kein Verständnis. Quantitativ läßt es keine
Grenzen gelten: Grundsätzlich ist alles zu erforschen,
alles zu machen. Qualitativ aber ist nichts wirklich
Neues zu erwarten, nichts, was Staunen auslösen
könnte. Das Suchen des menschlichen Herzens bleibt
darum ungestillt, und es wird zur Sucht, die sich in
Eruptionen unheimlichen Ausmaßes äußert: in einer
elektronisch verstärkten Flut großspuriger Worte –
selbst diese meist nur eine Montage geistloser Versatz-
stücke –, im überreizten Aufdrehen beliebig auswech-

selbarer Lärmkonserven, in den Zerstörungssimula-
tionen der Science fiction, im Spiel mit der Sprengkraft
des Uran. Solcher Sinn-Losigkeit muß das *verbum
rationabile* entgegengesetzt werden, das sinnvolle
Wort.

Dieses zur Geltung zu bringen, war ursprünglich das
erklärte Ziel der Aufklärung. Doch ist ihre Geschichte
weitgehend eine Geschichte der zerstörerischen Perversion des Wassermann-Bewußtseins. In der Tat gibt
es in dieser Geschichte jedoch auch ein Bemühen um
eine Aufklärung der Aufklärung und ihrer irrationalen
Grundlagen. Zu nennen sind hier besonders Immanuel
Kant, der mit seiner »Kritik« einen »Prozeß der Ver-
nunft gegen sich selbst«[114] einleitete, und Siegmund
Freud, der auf die unbewußten Steuerungen der Ver-
nunft aufmerksam machte. Das *verbum rationabile,*
von dem BENEDIKT spricht, ist das im Hören auf das
WORT Gottes gründende Wort, und in seiner Konsequenz das *rationale obsequium,* der Einsatz der
ganzen Person im Dienst dieses WORTES. Ein solcher Dienst würde die spezifische Fähigkeit des Wassermann-Typs positiv zur Geltung bringen, seine
Kontaktfreudigkeit und die Leichtigkeit, mit der er
Menschen einander entfremdende Tabus und Mythen
zu hinterfragen versteht, und würde ihn so zum
Werkzeug des Friedens machen.

An der Grenze des Erfahrbaren steht Saturn zugleich
an der Schwelle zur Wahrheit, zu einer Weisheit, die
sich durch ein Vertrautsein mit dem Hintergründigen
auszeichnet, mit den innersten Zusammenhängen und
Gesetzen, und in diesem Sinne auch Magie ist. Dem
entspricht es, wenn BENEDIKT ausgerechnet auf der
elften Demutstufe von dem »Weisen« spricht, der
daran zu erkennen ist, daß er die Forderungen dieser

Demutstufe erfüllt. Sieht man im Weisen gemäß der schon erwähnten Grundbedeutung des lateinischen Wortes *sapiens* den Verkostenden, dann gehört zu seiner Weisheit *(sapientia)* auch das verkostende Verweilen im Augenblick, in dem man – wie in der Meditation – der Erfahrung von Raum und Zeit entrückt ist. Nicht minder gehört es zur Weisheit des Wassermann-Typs, in genialer Überschreitung aller Erfahrungen das Universum – die Unendlichkeit des »diesseitigen« Kosmos – in den Blick zu nehmen und in Formeln zu erfassen, die menschliches Vorstellungsvermögen überschreiten. Sofern er dabei still wird, nimmt so auch der Wassermann-Typ – gerade in seiner aufgeklärten Rationalität – das Weltall staunend als eine wunderbare Einheit wahr, die ihn nach dem Geist fragen läßt, der diesen Kosmos beseelt.

Das mit einem Menschenantlitz dargestellte Zeichen Wassermann ist in der kirchlichen Tradition dem Evangelisten Matthäus zugeordnet – passend, wie mir scheint, weist doch gerade sein Evangelium eine durchdachte Systematik auf, die die Bedeutung des »Gesetzes« unterstreicht, in dessen Erfüllung das Neue zum Durchbruch kommt: die universale Gemeinschaft aller Völker und Menschen im Reich Gottes.

Die 12. Stufe der Demut – im Zeichen »Fische«

♓ Um den 20. Februar tritt die Sonne in das Zeichen *Fische,* mit dem sich der Kreislauf des Jahres vollendet, bevor er mit dem Zeichen Widder wieder neu beginnt. Dem Zeichen Fische ist das Element *Wasser* zugeordnet, das Element also, in dem Fische zuhause sind, wo sie sich – eben wie Fische – hin- und herbewegen; das Wasser im steten Wandel seiner Erscheinungsform, das in seiner rätselhaften und zugleich faszinierenden Gestaltlosigkeit überall hinfließt, aber auch wieder nachgibt in seiner Weichheit. Die traditionelle Darstellung des Zeichens Fische zeigt zwei (meist durch ein Band miteinander verbundene) Fische über- oder nebeneinander in einander entgegengesetzter Richtung. Das Sigel zeigt nebeneinander zwei durch einen Strich miteinander verbundene Halbkreise mit voneinander abgewandter Offenheit: Der linke ist sozusagen für das von links, wie aus dem Unbewußten Kommende offen, archetypisch für das Weibliche, der rechte für das von rechts, wie aus dem Bewußten Kommende, für das Männliche. Wenn heute dem Zeichen Fische als Planet nicht nur der *Jupiter* zugeordnet wird, sondern auch der 1846 entdeckte *Neptun,* dann entspricht letzterer wohl der linken Seite, Jupiter dagegen der rechten Seite. Beides muß miteinander verbunden werden.

Jupiter – so sahen wir schon – ist auch dem Zeichen Schütze zugeordnet. Er ist der Repräsentant von Recht und Ordnung, der Repräsentant einer besseren, gerechteren Welt. Neptun (griechisch: Poseidon) ist im Mythos wie Jupiter ein Sohn des Saturn. Er ist der Erderschütterer mit unberechenbaren seismischen Wirkungen, er spaltet Felsen und erzeugt Quellen. Der Blitz ist eine Vorform seines Attributes, des Dreizacks. Astrologisch ist Neptun also Ausdruck einer Sensibilität für feinste Schwingungen, für das Übersinnliche, die esoterische Welt des »erweiterten Bewußtseins« – jenseits des Saturnischen –, die Welt des erweiterten Bewußtseins auch mit ihren oft verschwimmenden und nebulösen Konturen. Diese Sensibilität für das in der Tiefe aller Realität Verborgene mit der Sehnsucht nach einer heilen Welt zusammen-zubringen, das macht die spezifische *Phlegmatik* des Fische-Menschen aus, den metaphysischen Tiefgang, das Fragende und Bohrende des Fische-Bewußtseins. Zu Unrecht wird ihm vorgeworfen, auf Law and Order fixiert zu sein. Das ist der Eindruck, den das Wassermann-Bewußtsein hat, weil dessen Rationalität zur Metaphysik keinen Zugang hat.

Von den Körperteilen entsprechen dem Zeichen Fische die *Füße.* Sie signalisieren auch das spezifische Problem: Stehen sie wirklich fest auf dem Boden, oder schweben sie darüber hinweg? Es ist eine Gefahr des Fische-Typs, sich aus der so sensibel erfahrenen Wirk-lichkeit in das Traumland einer besseren Welt zu ver-lieren.

DANE RUDHYAR schreibt: »Psychische Empfänglich-keit und Aufnahmefähigkeit für das Unbewußte, gren-zenloses Mitgefühl und die ekstatische Offenheit des Mystikers für das Unbekannte im Jenseits sind einige der Merkmale des Fischetypus. Aber wenn man diese transzendenten und flüchtigen Charakterzüge betont, die eher Folgeerscheinungen als grundlegende Eigen-schaften sind, so kann man leicht die durchaus kon-kreten und unvermeidbaren Konfrontationen über-sehen, die bewußte und denkende Menschen des Fische-Typus erfahren können. Denn ihr Tempera-ment macht sie außerordentlich empfindlich für die Probleme, die sich in Zeiten des Übergangs und der Erneuerung auftürmen. ... Während dieser Übergänge besteht die große Aufgabe intelligenter und wirklich individualisierter Personen darin, die Schwerkraft der Vergangenheit und die Bindung an Erinnerungen der Enttäuschung und des Schmerzes (den Stoff des menschlichen Unbewußten), wie auch Erinnerungen an frühere Leistungen und Größe zu überwinden.«[115] Da der Fische-Typ dazu neigt, »immer und immer wieder zur Vergangenheit zurückzukehren« – im Streben »nach Verständnis oder Buße« oder auch in der »Unfähigkeit, loszulassen« –, ist es notwendig, schreibt RUDHYAR, daß er das »Schwert« ergreift, »das Jesus der Menschheit gebracht hat« (vgl. Mt 10,34).[116] Statt sich dauernd mit der Frage zu quälen: »Habe ich es richtig gemacht?«, braucht der Fische-Typ den Mut, einen Schlußstrich zu ziehen, den Mut, »die Toten ihre Toten begraben« zu lassen (vgl. Lk 9,60). RUDHYAR schreibt: Er braucht »Mut gegenüber der Vergangenheit – Glauben an die Zukunft. Diese beiden Tugenden hängen miteinander zusammen wie Mann und Frau. Der Mann reißt die Schleier weg, die von den Energien des Unbewußten gewoben wurden, und die Frau sieht in ihrer Vision bereits das archetypische Bild der zukünftigen Zeit.«[117]

Mut gegenüber der Vergangenheit und Glauben an die Zukunft: Der Prophet Jona hat beides nicht. Ninive ist für ihn ein für allemal eine böse Stadt, die den Untergang verdient hat. Er will sich von Gott nicht als Bußprediger dorthin senden lassen; Ninive könnte sich ja bekehren, und Gott könnte dann in seiner Barmherzigkeit Ninive verschonen (Jona 4,2). Jona flieht vor Gott auf ein Schiff, aufs Meer. Ja, er läßt sich ins Meer werfen. Dort wird er vom Fisch verschlungen; das aber heißt zugleich – wie sein Gebet im Bauch des Fisches zeigt –, daß er verschlungen ist von den Fluten der Tiefe, so daß die Wellen und Wogen über ihm zusammenschlagen (Jona 2,4). Er wird gerettet, aber er wird zornig und möchte am liebsten sterben, als er sieht, daß Ninive sich tatsächlich bessert. Auch das ist typisch für den Fische-Menschen, daß sein Zorn tief im Bauch bleibt und sich in lähmender Ohnmacht äußert.

Entsprechend lautet die letzte Mahnung des PAULUS – bezeichnenderweise im Unterschied zu allen Mahnungen vorher diesmal im Singular –: »Laß dich nicht vom Bösen besiegen, sondern besiege das Böse durch das Gute« (Röm 12,21). In der 27. Admonitio des FRANZ VON ASSISI lautet die zwölfte Gegenüberstellung: Wo *discretio,* da ist keine *induratio,* keine Verhärtung: Wo *discretio* – vielleicht sollte man hier übersetzen: Wo wahre Sensibilität, da gibt es keine Verhärtung, da ist Zuwendung, ja sogar Zärtlichkeit möglich. Jona ist sensibel genug, um den Leuten, die mit ihm auf dem Schiff sind, sagen zu können: »Werft mich ins Meer, damit das Meer ... euch verschont. Denn ich weiß, daß dieser gewaltige Sturm durch meine Schuld über euch gekommen ist« (Jona 1,12). Jona ist wie der Zöllner im Evangelium, dessen Bekenntnis, ein Sünder zu sein (vgl. Lk 18,13), man nach der Weisung BENEDIKTs auf der zwölften Stufe der Demut nachsprechen soll. BENEDIKT zitiert dazu das Psalmwort (Ps 38,7): »Gebeugt bin ich und tief erniedrigt *(humiliatus)*«.

»Wegen seiner Sünden sich zu jeder Stunde als schuldig einschätzend *(aestimans),* soll man sich einschätzen *(aestimet)* als einen, der schon vor das schreckliche Gericht gestellt ist« (RB 7,64): Das, so scheint es, ist nach BENEDIKT die Aufgabe auf der zwölften Demutstufe. Gerade das aber wäre eine Haltung, zu der der Fische-Typ schon von Natur aus neigt, in der er schon allzu sehr gefangen ist. Es wäre eine Zielsetzung, die sich nicht mit dem vertragen würde, was BENEDIKT als Frucht des Demutweges herausstellt: die Liebe, die die Furcht vertreibt (RB 7,67; vgl. 1 Joh 4,18).

Es darf nicht übersehen werden, daß BENEDIKT auf der zwölften Demutstufe zunächst die Weisung gibt, daß die Demut nicht nur eine Sache des Herzens bleiben darf, sondern ihren leiblichen Ausdruck finden muß. Vor dem *aestimet* (»er schätze sich ein«) steht das *indicet* (»er zeige an«): Auf der zwölften Demutstufe zeige man durch seine Körperhaltung seine Demut an, so daß alle sie sehen. Diese Weisung ist wohl nur von der Fische-Mentalität her zu verstehen. Die Fische, das Symbol des Zeichens Fische, sind im Wasser unseren Blicken und unserem Zugriff entzogen. Der Fische-Typ braucht lange, bis er seine Problematik »gepackt« hat. Zum Mut gehört es aber nun einmal, daß er nicht im Verborgenen bleibt. Mut kommt erst zum Ziel, wenn die Entschlossenheit ihren leibhaftigen Ausdruck findet. Hier den eigenen Ausdruck, die eigene Identität zu finden und sich darin zu behaupten, darin festzustehen, fällt dem Fische-Typ schwer. Er möchte sein Gesicht am liebsten verbergen, möchte am liebsten in die Haut eines anderen schlüpfen, macht diesen anderen vielleicht sogar nach, spielerisch oder unbewußt, jedenfalls nicht ohne Geschick. Darin mag zwar auch das Gefühl zum Ausdruck kommen, niedrig zu sein. Aber es ist ein verfremdeter Ausdruck, ein Ausdruck vor allem der Unsicherheit, in der man es noch nicht fertigbringt, Ja zu sich zu sagen. Es kommt jedoch darauf an, in letzter Integriertheit »bei sich selbst zu wohnen«[118] und so zur wahren Demut zu finden.

In die Haut eines anderen zu schlüpfen, kann auch die spezifische Weise des Fische-Typs sein, andere zu faszinieren und so über sie Macht zu gewinnen. Thomas Mann hat das meisterhaft dargestellt in den »Bekenntnissen des Hochstaplers Felix Krull«, der seine Fähigkeit zur »Vertauschbarkeit«[119] so sehr perfektionierte, daß er von sich bekennen konnte, »daß es ungewiß blieb, in welcher Gestalt ich eigentlich ich selbst und in welcher ich nur verkleidet war: wenn ich als livrierter Commis de la salle den Gästen … schmeichlerisch aufwartete, oder wenn ich als unbekannter Herr von Distinktion … mich bei Tisch von Kellnern bedienen ließ, deren keiner, wie ich fand, mir in dieser meiner anderen Eigenschaft gleichkam. Verkleidet also war ich in jedem Fall, und die unmaskierte Wirklichkeit zwischen den beiden Erscheinungsformen, das Ich-selber-Sein, war nicht bestimmbar, weil tatsächlich nicht vorhanden.«[120] Offenbar ist es also auch dem Fische-Typ nicht angeboren, sich selbst als niedrig einzuschätzen. Der Weg zur Identität in wahrer Demut geht für ihn über die Integration der eigenen Leiblichkeit, über den Mut zur eigenen Erscheinungsform des Ich.

Das Anzeigen der eigenen Demut geschieht nach BENEDIKT dadurch, daß man das Haupt immer geneigt hält *(inclinato sit semper capite)* und den Blick zu Boden gesenkt *(defixis in terram aspectibus,* was auch heißt: die Erde fest im Blick). *Inclinato capite* ist vielleicht eine Anspielung auf Johannes 19,30, wo es von Jesus (im Lateinischen) heißt: *Et inclinato capite tradidit spiritum* – Er neigte sein Haupt und übergab seinen Geist. Das meint nicht, daß er seinen Geist aufgab, sondern: Dieser sein Geist, den er sterbend in die Hände des Vaters legt (vgl. Lk 23,46), ist seine *traditio,* seine Überlieferung, das Geschenk, das er uns übergab, nachdem er seinen Weg »vollendet« hatte (Joh 19,28.30), sein Geist, durch den wir ihm gleich werden sollen bis in den Tod, »damit auch das Leben Jesu an unserem sterblichen Fleisch offenbar wird« (2 Kor

4,11). »Das Haupt geneigt« würde damit eine Haltung zum Ausdruck bringen, die erst am Ende des Weges, mit Recht also erst auf der zwölften Demutstufe geboten ist. Diese Haltung kann nicht befohlen, kann nicht auf Befehl einfach eingenommen werden. Sie stellt sich jedoch wie von selbst ein, wo jemand in der Kraft des Geistes Jesu ganz dem Willen Gottes ergeben ist und damit ganz bei sich und zugleich ganz Hingabe ist, Gestalt gewordene Offenbarung des Lebens Jesu.

Ein Symbol dieses Lebens sind im Neuen Testament in besonderer Weise die Fische, zum einen als eucharistische Speise neben dem Brot (vgl. Mt 14,19; Mk 6,41; Lk 9,16; Joh 6,11; 21,13), zum anderen als Bild des in der Gemeinschaft mit Christus geretteten Menschen. Die Jesus beruft und sendet, seine *traditio* weiterzugeben, bezeichnet er als »Menschenfischer« (Mt 4,19; Mk 1,16; vgl. Lk 5,6.10; Joh 21,1-11). Fischen bedeutet, die Fische aus dem Wasser als dem ihnen eigenen Element herauszuholen; das aber bedeutet für die Fische zunächst: Sterben. Der Sinn ihres weiteren Daseins liegt auf einer anderen Ebene: daß sie – ähnlich wie das Brot – Nahrung sind für andere, für das Leben der Welt (Joh 6,51).

Dem Element Wasser und dem Jupiter und damit dem Zeichen Fische entspricht im Johannes-Evangelium Andreas. Andreas kommt von Johannes dem Täufer her, aus dem alten Äon also (Joh 1,40). Als er in Jesus den Messias gefunden hat, findet er seinen Bruder Simon – als »ersten« (Joh 1,41): eine etwas merkwürdige Formulierung, die in dieser dichten Erzählung der Jüngerberufung sicher nicht nur besagen soll, daß Simon der erste ist, der dem Andreas über den Weg läuft. Jedenfalls ist der Widder-Typ Simon, dem Jesus dann den Namen Petrus gibt, im neuen Äon der erste.

Andreas aber war es, der ihn Jesus zugeführt hat. Andreas ist es auch, der den kleinen Jungen zu Jesus führt, der die fünf Gerstenbrote und die zwei Fische hat, die Jesus dann nimmt, um über sie das Dankgebet zu sprechen *(eucharistesas)* und sie auszuteilen (Joh 6,8 ff.). Als Griechen aus der Schar der Jerusalempilger an die Jünger herantreten mit der Bitte, ihnen eine Begegnung mit Jesus zu vermitteln, wendet sich Philippus nicht direkt, sondern unter Einschaltung des Andreas an Jesus (Joh 12,22). In beiden Szenen ist Andreas so etwas wie ein priesterlicher Vermittler: Jupiter im Zeichen Fische. Als Jesus den Andreas und den namenlosen anderen Jünger, der mit ihm Jesus folgte, fragt, was sie suchen, antworten sie (wörtlich übersetzt): »Meister, wo bleibst du?« (Joh 1,38). Die Hoffnung, einen Lehrer gefunden zu haben – mehr noch: den Messias –, der ihm hilft, in aller Unstäte des Lebens eine endgültige Bleibe zu finden, das ist es – typisch für das Element Wasser im Zeichen Fische –, was Andreas treibt, Jesus zu folgen.

Der Fische-Typ möchte das Wasser hinter sich lassen. »Wasser« *(mem)* ist im Hebräischen der Name des Buchstabens M, der zugleich das Zahlzeichen für 40 ist. 40 Tage oder Jahre ist in der Bibel die Zeit der Sintflut (Gen 7,14), der Wüstenwanderung Israels (Dtn 2,7), des Aufenthaltes Jesu in der Wüste (Mt 4,2) und seiner Erscheinungen nach seiner Auferstehung (Apg 1,3). 40 Jahre aßen die Kinder Israels Manna, bis sie an die Grenze des ihnen verheißenen Landes kamen (Ex 16,35), 40 Tage blieb Mose auf dem Berge Sinai (Ex 24,18), 40 Tage lang ging Elija durch die Wüste bis zum Gottesberg Horeb (1 Kön 19,8); 40 Jahre regierten David (2 Sam 5,4) und Salomo (1 Kön 11,42). 40 Tage lang begehen wir die jährliche

Fastenzeit vor Ostern. 40 ist wie das Wasser Symbol des Weges der dahinfließenden irdischen Geschichte und zugleich unseres Weges in dieser Geschichte mit ihren Gefährdungen, aber auch mit allem, was wir darin als Segen erfahren, jedenfalls aber in ihrer Begrenztheit.

Nun, der Name des Buchstabens N und zugleich des Zahlzeichens für 50, heißt »Fisch«. Für das Tierkreiszeichen Fische wird im Hebräischen zwar ein anderes Wort verwandt: der Plural von *dag*. Aber wie *dag* heißt auch *nun* Fisch. In der christlichen Tradition charakterisiert 50 die Zeit nach Ostern, die österliche Festzeit, in der das Leben in der Gemeinschaft mit dem Auferstandenen gefeiert wird. Der Auferstandene gibt den Seinen »Fisch und Brot« zur Speise (Joh 21,9), und als sie auf sein Wort hin das Netz »zur rechten Seite hin« auswerfen, können sie es kaum einholen, so gefüllt ist es mit 153 Fischen (Joh 21,11). Die Einheitsübersetzung bemerkt hierzu: »Die Zahl 153 hat vielleicht symbolische Bedeutung und bezeichnet die große Zahl der Gläubigen aus allen Völkern, die durch die Jünger gewonnen werden.« Zur Erklärung dieser Symbolik ist zu sagen, daß 153 der »Füllewert« von 17 ist[121], der sich ergibt, wenn man die Zahlen 1 bis 17 addiert. Hier handelt es sich nicht eigentlich um Addition, sondern um ein symbolisches Ernstnehmen jedes einzelnen Zwischengliedes der Zahlenreihe. Solche Zahlensymbolik ist im Alten Testament »ein gebräuchliches Stilmittel religiöser Dichtung«[122]. 17 ist die Zahl der Völker, die in der Pfingsterzählung der Apostelgeschichte (Apg 2,9-11) namentlich genannt werden. 17 ergibt sich auch, wenn man die Zahlenwerte der Buchstaben des hebräischen Wortes *tof* = »gut« addiert (9 + 6 + 2). 153 symbolisiert also die

Fülle nicht nur in quantitativer, sondern auch in qualitativer Hinsicht: die Fülle des Reiches Gottes. Diese Fülle haben die gefangenen Fische erreicht, jedoch durch den Tod hindurch und darin Christus gleich geworden, ihm gleich geworden auch darin, daß ihre neue Existenzweise als Speise die der Proexistenz, der Hingabe ist.

Im Alten Testament trägt Josua denselben Namen wie im Neuen Testament in gräzisierter Form Jesus: Jeschua, Retter. Er wird »als Sohn des Nun« vorgestellt (Jos 1,1) und erhält die Aufgabe, das Volk Israel nach beendeter Wüstenwanderung nun durch den Jordan hindurch (so wie einst Mose das Volk Israel durch das Rote Meer führte) ins Verheißene Land zu führen. Ihm wird gesagt: »Sei mutig und stark, fürchte dich nicht und hab keine Angst, und achte genau auf die Weisung, die Mose dir gegeben hat« (Jos 1,6-9). Auch in ihm, dem Sohn des Nun, wird deutlich, wozu das Geschlecht des Nun, die Menschen des Fischetyps berufen sind.

Andreas ist nicht der einzige, der Jesus nachfolgt, um dadurch zu einer endgültigen Bleibe zu finden. Bei ihm ist jener Jünger, der keinen Namen hat, der aber durch das ganze Johannesevangelium hin präsent ist und der bis zum Wiederkommen Jesu »bleibt« – ohne daß das bedeutet, daß er nicht stirbt (Joh 21,22 f.). Dieser fünfte Jünger – neben den vier namentlich genannten Berufenen – symbolisiert gleichsam die Quintessenz von Jüngerschaft, die sich in den verschiedenen Temperamenten unterschiedlich entfaltet. Auf der Suche zu sein nach einer Bleibe, charakterisiert Andreas, den Fische-Typ, vielleicht in besonderer Weise, gehört aber zur Quintessenz aller Jüngerschaft. In der Liebe Christi diese Bleibe zu finden, ist das Ziel aller

Nachfolge Jesu. Dem entspricht es, wenn BENEDIKT am Ende des Demutkapitels sagt, daß der, »der alle Stufen auf dem Weg der Demut erstiegen hat, alsbald zu jener vollendeten Gottesliebe gelangt, die alle Furcht vertreibt« (RB 7,67).

III. Die O-Antiphonen der römischen Adventsliturgie in Entsprechung zu den Planeten

Der Advent gehört in der katholischen Kirche zu den liturgisch besonders reichen und eindrucksvollen Zeiten des Kirchenjahres. Die sieben letzten Tage (17.–23. Dezember) vor der Weihnachtsvigil, vor dem »Heiligen Abend«, bringen nochmals eine besondere Steigerung: zu allen Psalmen eigene Antiphonen und zum Magnificat in der Vesper die Großen O-Antiphonen – das Herzstück der römischen Adventsliturgie.

Ein erster Überblick zeigt, daß die sieben O-Antiphonen in ihrer Textform und – angepaßt an den jeweiligen Text – auch in in ihrer Melodie gleich gestaltet sind.[123] Textlich beginnen sie mit einer Anrufung, ähnlich denen, die uns von den Litaneien her vertraut sind: zuerst das O, das den Antiphonen ihren Namen gibt; dann ein dem Alten Testament entnommener Begriff, der – ohne daß Jesus Christus namentlich genannt wird – aus neutestamentlicher Sicht als Aussage über Jesus Christus zu verstehen ist, gemäß dem in der Konstitution des II. Vatikanischen Konzils über die göttliche Offenbarung (Nr. 16) zitierten Wort des hl. Augustinus, daß »der Neue Bund im Alten verborgen und der Alte im Neuen erschlossen ist«. Es folgen weitere solcher alttestamentlicher Christus-Anrufungen und/oder ein Relativ- oder Partizipialsatz zur näheren

Erläuterung dieser Anrufungen. Einer dieser Begriffe ist jeweils durch einen melodischen Höhepunkt besonders betont; er ist im folgenden beim Abdruck der Antiphonen *kursiv* gesetzt. Der zweite Teil der Antiphon beginnt mit »veni« – »komm«. Melodisch ist das *veni* – mit einer Ausnahme – ähnlich wie das O am Anfang gestaltet: c als »Auftakt« zum dann folgenden Tenor f, betonter Ausklang mit e (beim O liegt die Betonung auf dem Tenor f). Abschließend wird das ersehnte Ziel des erbetenen Kommens zum Ausdruck gebracht. Melodisch gibt es hier jeweils einen Tiefpunkt (d – c – a); in der 1., 2., 3. und 7. Antiphon bei »nos« – »uns«, in der vierten und fünften Antiphon bei »tenebris« – »Finsternis«, in der sechsten Antiphon bei »hominem« – »Mensch«: bis da hinab möge der Angerufene kommen. Auch dieser »Tiefpunkt« ist jeweils *kursiv* gesetzt.

Formal fügen sich die O-Antiphonen in einen festen Typ kultischer Lieder vorchristlicher griechischer und – seit Kaiser Augustus – auch römischer Religion ein. Es ist die Form der sog. »Ruflieder« *(Hymnoi kletikoi),* mit denen in kultischer Feier die Ankunft der mythischen Gottheiten an ihrem Heiligtum erfleht wurde.[124] Diese kultisch gefeierte Ankunft mythisch verstandener Gottheiten – später auch der als Götter verehrten Kaiser – wurde im Griechischen *Epidemia,* im Lateinischen *Adventus* genannt.

Die römische Liturgietradition übernimmt für ihre Feier der Vorbereitung auf Weihnachten nicht nur den so vorgeprägten Begriff »Advent«, sondern auch die zugehörige Liedform, mit der in der griechisch-hellenistischen Welt der Antike die Menschen die Sehnsucht ihres Herzens in religiöser Feier zum Ausdruck gebracht haben. Bei den Antiphonen ist der Ruf

»komm« freilich wie ein Widerhall des Rufes aus der Offenbarung des Johannes (22,20) – ganz am Ende der Heiligen Schrift: »Amen. Komm, Herr Jesus.« Doch ist nicht zu übersehen, daß die O-Antiphonen in die Gestalt vorchristlicher Ruflieder mythischer Gottheiten gekleidet sind. Warum sind es gerade sieben, obwohl sie nicht an die Tage der Woche gebunden sind?

In der Tat findet sich in mittelalterlichen Antiphonalien des öfteren eine größere Anzahl.[125] In der ältesten Handschrift, in der uns der Text der O-Antiphonen überliefert ist – im Responsoriale von Compiègne (zweiten Hälfte des 9. Jahrhunderts)[126] – ist den uns bekannten noch eine achte angefügt, die allerdings einen völlig anderen Charakter hat und sich an die Jungfrau Maria richtet: *O Virgo virginum*.[127] Das könnte auf eine Herkunft aus der byzantinischen Liturgietradition hindeuten. Denn hier wird im Stundengebet bei mehrstrophigen hymnischen Gesängen stets nach einem »Ehre sei dem Vater …« eine Muttergottes-Strophe *(Theotokion)* angeschlossen. Sicher sind die O-Antiphonen jedoch nicht aus dem Griechischen übersetzt, sondern ursprünglich lateinisch konzipiert. Denn einige der zitierten Schriftstellen haben weder im hebräischen noch im griechischen Bibeltext, sondern nur in der lateinischen Vulgata-Übersetzung eine Grundlage.

Die erwähnte achte Strophe wird schon von dem Liturgiker Amalar von Metz erwähnt. Im 13. Kapitel seines Werkes *De ordine antiphonarii*[128] aus der ersten Hälfte des 9. Jahrhunderts findet sich die älteste uns erhaltene Abhandlung über die O-Antiphonen. Amalar stellt es frei, ob jemand die achte Strophe anfügt »aus Gründen der Vollkommenheit«. Denn: »Sieben ist das Zur-Vollendung-Kommen, die achte erklärt und zeigt, was vollendet ist.«

Amalar sucht auch nach einer Systematik. Er ordnet jede O-Antiphon einer der Sieben Gaben des Heiligen Geistes zu: »Diese Antiphonen zieren durch ihre Anmut die sieben oder acht Wochentage, an denen der siebenförmige Geist erneuert wird, der in dem Menschen Christus immer wohnte und aus dem dieser begann, Mensch zu sein, da das Wort Fleisch geworden ist, um in uns zu wohnen.« Amalar will zeigen, »welche Übereinstimmung die einzelnen (Antiphonen) mit den Stufen des Heiligen Geistes haben«. Das meint ja wohl eine in den O-Antiphonen sich widerspiegelnde stufenweise Erneuerung der Kräfte des Heiligen Geistes in uns – Weisheit, Einsicht, Rat, Stärke, Erkenntnis, Frömmigkeit und Gottesfurcht – als Vorbereitung auf das an Weihnachten in der liturgischen Feier sich aktualisierende Kommen Christi in unsere Herzen.

Nun scheinen mir die »Übereinstimmungen« zwischen den Gaben des Heiligen Geistes und den O-Antiphonen in Amalars Darstellung nicht sehr stringent zu sein. Außerdem legt Amalar bei den Antiphonen die Reihenfolge zugrunde, die er in der Metzer Überlieferung vorfand, die aber – wie er betont – von unserer römischen Ordnung abweicht. Für die Ursprünglichkeit, zumindest für eine bewußte Planung der römischen Ordnung spricht die Beobachtung, daß die Antiphonen in dieser Ordnung, schaut man am letzten Tag vor Weihnachten auf sie zurück, eine verborgene Antwort auf den stets wiederholten Ruf »Komm!« enthalten. Liest man nämlich die Anfangsbuchstaben der ersten Wörter der sieben Antiphonen rückwärts der Reihe nach, dann ergibt sich die Buchstabenfolge ERO CRAS: Dasein werde ich morgen.[129] Die Folge der Anfangsbuchstaben ergibt auch einen Sinn, wenn man die erwähnte achte Antiphon O *Virgo virginum* hinzunimmt. Aus ERO (»dasein werde ich«) wird dann VERO: »wahrhaftig«. Solche Akrostichen sind in der mittelalterlichen Literatur nicht ungewöhnlich. Für mittelalterliches Denken charakteristisch ist aber auf jeden Fall, daß Amalar von »Stufen« *(gradus)* spricht, von einem stufen- oder schrittweisen Prozeß inneren Reifens, innerer Umwandlung und Durchformung, der sich in den Antiphonen widerspiegelt. Dann aber legt sich unter Berücksichtigung der Zahl Sieben der Gedanke nahe, daß möglicherweise mit den O-Antiphonen auf die sieben Planeten Bezug genommen wird. Denn diese tragen Namen eben solcher Gottheiten, wie sie durch die Ruflieder herbeigerufen wurden, denen die O-Antiphonen nachgebildet sind. Ich möchte zeigen, daß offenbar in der Tat eine Entsprechung zwischen den sieben O-Antiphonen und den sieben Planeten des antiken und mittelalterlichen Weltbildes vorliegt.

Planeten im astrologischen Sinn sind in der Reihenfolge ihrer Entfernung von der Erde: Saturn, Jupiter, Mars, Sonne, Venus, Merkur und Mond. (Uranus, Neptun und Pluto wurden erst in der Neuzeit entdeckt.) Ihnen ist gemeinsam, daß sie (und nur sie) sich, von uns aus gesehen, vor dem Fixsternhimmel in festen Bahnen um die Erde bewegen. Wer sie kontinuierlich beobachtet – Eigenart und Helligkeit der Färbung ihres Lichtes, ihre Größe, die Schnelligkeit und die Vor- oder manchmal auch Rückläufigkeit ihres Wandels von einem Sternbild zum anderen, aber auch ihr Zusammenspiel –, mag wohl den Eindruck einer (wie die Alten sagten) himmlischen Melodie, eines himmlischen Reigens, eines himmlischen Schauspiels gewinnen.

Seit Pythagoras und Platon (Timaios) lebte der antike und mittelalterliche Mensch in dem Wissen, daß die Abstände zwischen den Planeten durch Zahlenverhältnisse ausgedrückt werden können, die – in musikalische Tonfolge umgesetzt – von uns als Harmonie erfahren werden. In dieser Harmonie sah er das Baugesetz der Welt als Kosmos. So wurde für die Alten am Spiel der Planeten der Kosmos insgesamt ansichtig, und in diesen Kosmos sah sich der Mensch selbst eingebunden, wie es etwa in der zweiten Hälfte des 12. Jahrhunderts Honorius Augustodunensis in seinem Werk mit dem bezeichnenden Titel *De imagine mundi* – »Das Welt-Bild«[130] schrieb: »Die sieben Kreise (der Planeten) drehen sich mit einer lieblich klingenden Harmonie; die süßesten Töne werden durch ihren Umlauf bewirkt... Von der Erde bis zum Himmel herrscht das Maß einer himmlischen Musik, und sie erweist sich als Vorbild für die unsrige... Daher wird der Mensch Mikrokosmos, d. h. Welt im kleinen, genannt, insofern er sich als der Klangzahl der himmlischen Musik vergleichbar erweist« (I,80-82). Der Mensch, ein Kosmos im kleinen: Die Planeten werden damit vor allem entsprechenden Wirkkräften der Seele zugeordnet.

Diese mythisch vorgestellten Kräfte im Menschen können als Tugenden oder als Laster wirksam werden. Merkur (griechisch: Hermes) beispielsweise galt als Gott der Kaufleute wie der Diebe. Es sind die gleichen merkurischen Fähigkeiten, die beide brauchen. Wir kennen die Verkehrtheiten unserer Strebungen, unser Verhaftetsein an die Sünde. Die christliche Botschaft sagt uns, daß es hoffnungslos ist, aus eigener Kraft uns daraus befreien zu wollen. Seit alters ergeht der Ruf nach einer Erneuerung des Menschen, nach der Möglichkeit erlöster, harmonischer Verwirklichung all seiner Kräfte zum Heil des ganzen Menschen, zum Frieden der Menschheit. Diesen Ruf bringen die O-Antiphonen zum Ausdruck in der Form, in der die Menschen vor Christus ihre mythischen Gottheiten um ihr Kommen anflehten. Dabei beschränken sich die O-Antiphonen auf die sieben Planetengottheiten. Damit symbolisieren sie den ganzen Kosmos, vor allem aber den Kosmos Mensch: »O komm, der Heiden Heiland ...« Dieser Ruf artikuliert sich in Bildern biblischer Verheißungen. Der da kommen soll, möge in uns »Gestalt annehmen« (Gal 4,19) dadurch, daß er unsere Kräfte und Fähigkeiten umgestaltet und erneuert und uns so »in sein eigenes Bild verwandelt« (2 Kor 3,18).

Die O-Antiphonen nennen die ihnen entsprechenden Planetengottheiten nicht. Man muß mit ihrer Symbolik vertraut sein, um zu erkennen, daß die biblischen Bilder so gewählt sind, daß sie die Problematik charakterisieren, die mit dem jeweiligen Planeten gegeben ist. Hilfreich zum Verständnis dieser Symbolik sind die Sigel der einzelnen Planeten. Es muß freilich offen bleiben, wie weit sie ursprünglich schon (oder wenigstens in nachträglicher Deutung schon in der Antike) sinnträchtige Kombinationen von Grundsymbolen (Kreis, Halbkreis, Kreuz, Pfeil) sind. Jedenfalls gehen sie wenigstens »teilweise auf das Altertum« zurück.[131] Der Sensibilisierung für die Planetensymbole mag es auch dienlich sein, wenn eine andere ganz eindeutige literarische Darstellung von Planetenparallelen beigezogen wird: »Die sieben Geschichten der sieben Prinzessinnen« des persischen Dichters NIZAMI aus dem

12. Jahrhundert.[132] Rudolf Gelpke, der sie übersetzt hat, schreibt in seinem Nachwort: »Nizami ist ein Kind des Mittelalters – des persisch-islamischen allerdings, das aber von europäisch-christlichen ... durch das gemeinsame Erbe altorientalischer, jüdischer und hellenistischer Züge weniger verschieden ist, als man im allgemeinen anzunehmen pflegt.«[133]

Bildliche Illustrationen der astrologischen Bedeutung der Planeten sind auch die zahlreichen Darstellungen der Planetenkinder. Hier gehören die Holzschnitte von HANS SEBALD BEHAM (1530/40) zu den bekanntesten.[134] Als Zeugnis für die mittelalterliche Tradition der kosmisch-ethischen Entsprechungen zwischen jeweils einem der Planeten und einer der Tugenden und der Freien Künste zitiere ich aus den Versen zu den allegorischen Planetendarstellungen auf der bemalten Tischplatte des Ulmer Meisters MARTIN SCHAFFNER aus dem Jahre 1533 (heute in der Staatlichen Kunstsammlung Kassel).[135] Wie mit den Tierkreiszeichen, so befaßt sich DANE RUDHYAR in einem der Teile seines Astrologischen Triptychons auch mit den Planeten und den Herausforderungen und Chancen im menschlichen Reifungsprozeß, die durch die Planeten symbolisiert werden.[136]

Die 1. Antiphon (O sapientia) – in Entsprechung zum Saturn

ħ Nähert man sich – in der Sichtweise des antiken und mittelalterlichen Weltbildes – vom festen Himmelsgewölbe herkommend der Erde des Menschen, dann gelangt man zunächst zur Sphäre des Planeten *Saturn.* Er ist der äußerste der sichtbaren

Planeten, der »Grenzsetzende«. Die Gottheit, nach der dieser Planet benannt ist – Saturn, griechisch: Kronos –, ist im griechisch/römischen Mythos der jüngste Sohn des Uranos (»Himmel«) und der Gaia (»Erde«). Ihm gelingt es, beide zu trennen, indem er Uranos entmannt. Damit setzt er dem Chaos ungeordneter Fruchtbarkeit ein Ende. Und er wird zum Herrscher der Zeit (griechisch: Chronos) und ihrer Gesetze. Auf der Tischplatte von MARTIN SCHAFFNER ist ihm die *Astronomie* zugeordnet. Grenzsetzung, Abgrenzung bedeutet zugleich auch Formgebung und Strukturierung, Messen und Maßhalten, Festigkeit, Halt und zugleich Schutz. Nüchternheit und Sachlichkeit, Gründlichkeit und Ernsthaftigkeit, Rückgrat zeigen, aber auch Hemmungen haben sind saturnische Tugenden. Die Herrschaft des Saturn wird in der Antike als das »Goldene Zeitalter« gefeiert. HANS SEBALD BEHAMs Darstellung der »Saturnkinder« zeigen diese mit der Landwirtschaft, dem Bauwesen, der Geldwirtschaft und der Ausübung des Rechtsvollzugs befaßt. Mönche, aber auch Inhaftierte, Alte, Kranke und Notleidende befinden sich darunter.

In all dem ist der Saturn der Gegenpol zum Mond, dem der Erde nächsten »Planeten«, der nach antikem Verständnis zur Erde hin den Bereich der Meta-Physik abgrenzt. Der polare Gegensatz von Saturn und Mond kommt auch in ihren Sigeln zum Ausdruck. Das Sigel des Mondes zeigt einen zunehmenden Halbmond, also zwei nach links hin offene Halbkreise, womit eine Offenheit für das von links, d. h. aus dem Unbewußten Kommende angedeutet ist. Das Sigel des Saturn ist ein Kreuz, das Zeichen systematischer Ordnung also, und darunter (in stilisierter Form) ein nach rechts hin geöffneter, nach links hin aber sich abgrenzender Halbkreis, Zeichen einer Offenheit für das Rationale, einer Abgrenzung aber gegenüber den Emotionen. Auch am Himmel erscheinen Saturn und Mond als polare Gegensätze: Der Saturn braucht $29^1/_2$ Jahre, also so viele Jahre, wie der Mond Tage braucht, um den ganzen Tierkreis einmal zu durchwandern. Im Gegensatz zum dauernd sich wandelnden Mond geht er nur langsam voran, bleibt stehen und geht wieder zurück; sein Licht ist matt: in allem ein Bild gehemmten Lebens. Saturn meint eingegrenztes Leben und zugleich die not-wendige Erfahrung der Grenzsetzung auf dem Weg des Reifens zur Weisheit. Da er astrologisch als der »Herrscher« der Tierkreiszeichen Steinbock und Wassermann gilt, beginnt seine Herrschaft mit der Wintersonnenwende – nach altrömischem Kalender am 25. Dezember –, wenn die Sonne ihren Tiefpunkt und damit zugleich das Tor zum noch verborgenen neuen Leben durchschreitet. Entsprechend gilt Saturn im Mythos – wie etwa die Zwerge im Märchen – als der Wahrer verborgener geistiger oder materieller Schätze, als Heger neuen, noch schutzbedürftigen Lebens. Im Tempel des Saturn wurde im antiken Rom der Staatsschatz aufbewahrt.

So notwendig für die geordnete Entfaltung des Lebens die Kraft zur Eingrenzung und Hemmung ungezügelter Vitalität ist, die Saturn symbolisiert –: Im alten Rom galt er als Unglück bringender Planet, und zwar so sehr, daß an seinem Wochentag, am Samstag, vorsichtshalber nicht gearbeitet wurde. Noch in der Zeit der Christianisierung Deutschlands, im 8. Jahrhundert, wandten sich die christlichen Missionare gegen den Aberglauben, daß es am Samstag besonders gefährlich sei, zu reisen. Der Monat, der als der erste im neuen Jahr ganz unter der Herrschaft des Saturn

steht, der Januar, ist nach Janus benannt, dem doppel-
gesichtigen Gott der Tordurchgänge, der den Saturn
nach seiner Entmachtung durch Jupiter bei sich aufnahm, ihm damit auch seine Doppelgesichtigkeit gab.
Doppelgesichtigkeit besagt, daß es sehr darauf
ankommt, von welcher Seite man das Gesicht betrach-
tet: von außen oder von innen. Nur denen, die um das
Geheimnis des Lebens wissen, zeigt Saturn ein dem
Leben zugewandtes Gesicht. Die anderen erfahren die
notwendige Begrenzung der ursprünglichen Vitalität
als Bedrohung oder gar Verneinung des Lebens. Eingrenzung wird ihnen zur Einengung und bewirkt bei
ihnen Ängste. Im Mythos verschlingt Saturn seine
eigenen, mit seiner Schwester und Gemahlin Rhea
gezeugten Kinder, damit sie ihm nicht seine Herrschaft streitig machen können. Geschichtliche Gestalt
hat dieser Saturn in Herodes angenommen, der die
Kinder von Betlehem töten ließ (Mt 2,16).
Das lebenverneinende Gesicht des Saturn kennt viele
Varianten: Saturn als »Sensenmann«, der Krankheit
und Tod bringt; das Saturnische als Starrsinn, Fixie-
rung und Undurchlässigkeit, generell als eine Verhal-
tensweise, durch die der Strom des Lebens nicht ein-
gegrenzt, sondern ausgegrenzt wird. Dazu gehören
auch alle unerleuchteten Formen asketischer »Abtötung«.
Im alten Rom wurden an den sieben Tagen vor der
Wintersonnenwende, beginnend mit dem 17. Dezember, die Saturnalien gefeiert: Tage ausgelassenen Trei-
bens, an denen die sozialen Unterschiede und Grenzen
aufgehoben waren – ähnlich wie bis heute im Karneval. Ein solches Treiben mag in den Zwängen des All-
tags eine psychische Entlastung bringen und in der
Weisheit der Narren der Sehnsucht nach größerer

Freiheit Ausdruck verleihen. Eine Wandlung bringt es nicht. Diese ist nur möglich in einer Neuordnung im Umgang mit der saturnischen Begabung entsprechend ihrer ursprünglichen Bestimmung. Solche Neuordnung erfordert Klugheit. »Fürsichtigkeit«, also *Klugheit,* ist die Tugend, die auch auf der Tischplatte von MARTIN SCHAFFNER dem Saturn zugeordnet ist. Um Unterweisung in der Klugheit auf dem Lebensweg bittet die erste der O-Antiphonen, die am 17. Dezember gesungen wird. Als Lehrer der Klugheit angerufen und herbeigesehnt wird Jesus Christus als die Inkarnation der unerschaffenen göttlichen Weisheit:

O Sapientia, quae ex ore Altissimi prodisti,
attingens a fine usque ad finem *fortiter* suaviter
    disponensque omnia:
veni ad docendum *nos* viam prudentiae.

O Weisheit, die du aus dem Mund des Höchsten
    hervorgingst –
umspannend von einem Ende bis zum anderen
    mit Macht und mit Milde ordnend das All:
komm, zu lehren *uns* den Weg der Klugheit.

Im ersten Teil der Antiphon klingen zwei Texte an, in denen die Weisheit Gottes besungen wird. Zunächst Sirach 24,3 (lateinisch: Sir 24,5): »Ich ging aus dem Mund des Höchsten hervor…«. Der zweite Text, der in der Antiphon zitiert wird, ist Weisheit 8,1. Hier ist (nach der lateinischen Version) von der Weisheit gesagt: »Sie umspannt von einem Ende zum anderen mit Macht und ordnet mit Milde das All.« Vorher heißt es von der Weisheit, daß sie schöner sei als die Sonne und über jedes Sternbild erhaben, strahlender als das Licht (Weish 7,29). Sie ist der Widerschein des ewigen Lichtes (Weish 7,26). Im zweiten Teil der Antiphon klingt Jesaja 40,14 an, wo von Gott gesagt ist: »Wer müßte ihn lehren den Pfad der Gerechtigkeit ..., wer ihm zeigen den Weg der Klugheit?«

Daß diese Aussagen über die göttliche Weisheit auf Christus bezogen werden, findet seine neutestamentliche Begründung in Johannes 1,11 ff., in dem Hymnus von dem WORT, das im Anfang bei Gott war und durch das alles geschaffen wurde, auch in Hebräer 1,2 f., wo es von dem Sohn Gottes heißt, daß Gott durch Ihn die Welt erschaffen habe; Er sei der Abglanz seiner Herrlichkeit und trage das All durch Sein machtvolles Wort.

Die Klugheit, die mit der Antiphon erbeten wird, soll von der göttlichen Weisheit geprägt sein. Durch das WORT Gottes, das bewirkt, was es sagt, wurde ja die Schöpfung ins Dasein gerufen, erhielt sie ihre Gestalt und Ordnung. Auch das Saturnische in der Schöpfung, die ihr eingestifteten ordnenden Kräfte, sind also göttlichen Ursprungs. Die Antiphon macht nun deutlich, daß dieser göttliche Ursprung die saturnischen Kräfte in einer dreifachen Weise prägt. Uns von dieser göttlichen Prägung bestimmen zu lassen, das ist die Klugheit, die uns die göttliche Weisheit durch ihr Kommen, ihre Menschwerdung lehren möge.

Das Erste, wodurch eine Neuordnung der saturnischen Fähigkeiten geprägt sein muß, ist ihre Einordnung in das »All«. Jede egozentrische Abgrenzung, sei sie individualistisch oder kollektivistisch, ist eine Pervertierung der saturnischen Fähigkeit. DANE RUDHYAR schreibt: »Das Problem, mit dem jeder Mensch bei der Überwindung der engen Grenzen, der Voreingenommenheit oder Ausschließlichkeit einer auf sich selbst gerichteten oder egozentrischen Haltung konfrontiert ist, kann in seinem wirklichen Wesen nur dann verstanden werden, wenn die Gültigkeit gerade dieses Begriffes ›Egozentrik‹ hinterfragt wird.«[137] Das Ego darf seine geballte Aufmerksamkeit und Kraft nicht mehr nur extravertiert einsetzen. Es muß sich zunächst nach innen kehren, um dort die Vision des als Ebenbild Gottes erschaffenen Menschen zu erkennen, der gerade in seiner Unterschiedenheit und Verwiesenheit auf andere nicht nur ein Gebender, sondern mehr noch ein Empfangender ist und dessen Fähigkeiten primär Begabungen sind, die ihn befähigen, am Schöpfungswerk Gottes mitzuwirken. Erst recht als Glieder am Leib Christi sind alle einzelne gerade in ihrer Besonderheit befähigt zur gegenseitigen Auferbauung. Die egozentrische Sicht ist es, die dem Saturn ein lebenbedrohendes Gesicht gibt und zu entsprechenden Angstreaktionen führt.

In der göttlichen Weisheit, die – das All umspannend und ordnend – souverän und mit Macht (sie ist betont!) das Ganze im Auge hat, ist Macht mit Milde gepaart. Das ist ihre zweite Bestimmung. »Mit Milde« ist Übersetzung von *suaviter*. Amalar von Metz schreibt, das bedeute: ohne Streit, ohne Lärm, ohne Angst, ohne Widerwillen. Gewöhnlich wird *suaviter* mit lieblich oder süß übersetzt; das damit verwandte Substantiv *suavium* heißt: Kuß. *Suaviter* hat also etwas vom Geschmack der Liebe. Härte, Starrsinn und Voreingenommenheiten haben da jedenfalls keinen Platz. Wohl aber gehören zur Liebe die Ehrfurcht vor dem anderen und eine von liebender Ehrfurcht bestimmte Zurückhaltung.

Die in unserer Antiphon aus der Heiligen Schrift zitierten Sätze machen deutlich, daß die göttliche Weisheit eine Lichtgestalt ist, die widerstrahlt in der von ihr geschaffenen Ordnung. Offenheit und Sensibilität für die göttliche Weisheit, die alles Geschaffene durchlichtet, sind darum das Dritte, was zum klugen Umgang mit der saturnischen Kraft gehört. Sie sind die Voraussetzung dafür, daß selbst und gerade in der Grenzerfahrung des Sterbens neues Leben offenbar wird: »Wenn das Weizenkorn nicht in die Erde fällt und stirbt, bleibt es allein; wenn es aber stirbt, bringt es reiche Frucht.« In den »Sieben Geschichten der sieben Prinzessinnen« des muslimischen persischen Dichters NIZAMI heißt es in der Geschichte, die »die indische Prinzessin am Samstag in der schwarzen Saturnkuppel erzählte«: »Wer die Grenzen erkennt und in ihnen sein Glück, der kann es auch halten sein Leben lang; wen aber das Irrlicht seines Verlangens weitertreibt von einem immer zum nächsten, der stürzt am Ende – ins Nichts.«[138] Darum komm, o göttliche Weisheit, uns Klugheit zu lehren.

Die 2. Antiphon (O Adonai) – in Entsprechung
zum Jupiter

Der zweite in der Reihenfolge der Planeten ist *Jupiter.* Er benötigt zwölf Sonnenjahre, um den Tierkreis zu durchwandern. Der Jupiterzyklus ist also so etwas wie ein Jahr höherer Ordnung. Dem entspricht das Sigel des Jupiter. Wie das des Saturn besteht es aus Kreuz und Halbkreis. Doch befindet sich beim Jupiter der Halbkreis im linken oberen Quadranten des durch die Kreuzfigur symbolisierten Ordnungssystems, und er ist nach links hin geöffnet, als sei er eine Antenne für höhere Weisung. Im Mythos ist Jupiter, seit er Saturn in der Weltherrschaft abgelöst hat, der Höchste der Götter, der Vater der Götter und der Menschen, der Inbegriff der Gerechtigkeit. Wer aber bestimmt inhaltlich diese Gerechtigkeit, das tiefste Streben, das Jupiter im Menschen symbolisiert? Jupiter ist der »Herrscher« der Tierkreiszeichen Schütze und Fische. Die Darstellungen der »Jupiterkinder« zeigen die führenden Würdenträger in Kirche und Staat, die für die Wahrung von Recht und Ordnung verantwortlich sind. Auf wen hören sie? Von welchen Interessen sind sie geleitet? Zum Jupiterhaften im Menschen gehört wesentlich die Fähigkeit zur »Neubekehrung« (DANE RUDHYAR[139]). Nach biblischem Verständnis gehört Jupiter zu den Göttern, die in Wahrheit nur nichtige Götzen sind, die Menschen versklavende Elementarmächte. Die zweite O-Antiphon stellt dem Jupiter den Gott gegenüber, den sie als *Adonai* anrufen:

O Adonai et Dux domus Israel,
  qui Moysi in igne flammae rubi *apparuisti* et ei in
    Sina legem dedisti:
veni ad redimendum *nos* in brachio extento.

O Adonai und Führer des Hauses Israel,
  der du Mose in der Feuerflamme des Dornbuschs
    erschienst und ihm auf dem Sinai das Gesetz gabst:
komm, *uns* zu erlösen mit erhobenem Arm.

Zugrunde liegt Exodus 6,3 ff., die Verheißung Gottes an Mose, sein Volk mit machtvoll erhobenem Arm aus der Knechtschaft Ägyptens zu erlösen und herauszuführen (vgl. auch Jer 32,21). Hier offenbart Gott nochmals seinen Namen: JHWH. Aus Ehrfurcht vor diesem Namen sprechen die Juden ihn niemals aus. Sie lesen statt dessen: *Adonai* – HERR. Die griechische

Übersetzung gibt das mit dem griechischen Wort für Herr wieder: *Kyrios,* lateinisch: *Dominus.* In Exodus 6,3 jedoch ist im lateinischen Text *Adonai* belassen. (Das ist darüber hinaus im ganzen Alten Testament nur in Judit 16,16 der Fall.) In unserer Antiphon sind zwischen der Gottesanrede *Adonai* am Anfang und der finalen Wendung (»uns zu erlösen …«) aus Exodus 6,6 am Ende drei Zitate eingefügt.

Zunächst: »Führer des Hauses Israel«. Sieht man davon ab, daß hier vom »Haus Israel« und nicht von »meinem Volk Israel« die Rede ist, dann klingt hier der prophetische Hinweis auf den in Betlehem geborenen Messias an, wie er in Matthäus 2,6 nach Micha 5,1 (lateinisch: 5,2) zitiert wird: der Führer *(dux),* der weiden wird mein Volk Israel. (Bei Micha selbst ist die Stelle im Lateinischen anders formuliert.)

Es folgt aus Exodus 3,2, daß Gott dem Mose in der Feuerflamme des Dornbuschs erschien. Das Erscheinen ist melodisch besonders betont. Als Grund für dieses »Herabsteigen« Gottes wird in Exodus 3,8 angegeben: »um sie der Hand der Ägypter zu entreißen und aus jenem Land hinaufzuführen in ein schönes, weites Land, in ein Land, in dem Milch und Honig fließen«.

Parallel dazu wird auf die Gesetzgebung auf dem Sinai verwiesen. In den Zehn Geboten, die Gott hier dem Mose anvertraute, heißt es einleitend: »Ich bin JHWH, dein Gott, der dich aus Ägypten geführt hat, aus dem Sklavenhaus« (Ex 20,2), und dann: »Du sollst neben mir keine anderen Götter haben« (Ex 20,3). Die Gebote Gottes, so versteht es die Heilige Schrift, sind das Gesetz des Lebens für den Weg unter der Führung *Adonais,* das Gesetz der Freiheit. Im »Sklavenhaus« Ägyptens gab es sie noch nicht. Die Unterweisung in der Gerechtigkeit gehört mit zur Befreiungstat Gottes. Sie hat jedoch nur Sinn, wenn ihr eine Erlösung aus der Macht der Sünde und des Todes vorausgeht.

Wenn unsere Antiphon das Kommen des »Herrn« erbittet, dann schaut sie damit auf Jesus Christus, in dem gemäß Matthäus 2,6 der vom Propheten Micha angekündigte »Führer« erschienen ist. Er sagt von sich: »Ich bin der Weg und die Wahrheit und das Leben« (Joh 14,6). Was dieses Leben letztlich ist, entzieht sich noch unserer Erfahrung (vgl. 1 Joh 3,2), doch ist mit diesem Begriff alles zusammengefaßt, was uns in der Heiligen Schrift mit Bildern paradiesischer Fülle als das Ziel unserer irdischen Pilgerschaft vor Augen gestellt wird. Dazu gehören »Milch und Honig« ebenso wie Friede und Gerechtigkeit in der Königsherrschaft Gottes. Auf der Tischplatte von MARTIN SCHAFFNER werden dem Jupiter von den Tugenden die *Gerechtigkeit* und von den Freien Künsten die *Geometrie* zugeordnet. Geometrie ist die Lehre von den Eigenschaften der Figuren. Sie führt weiter zu einer heilsgeschichtlichen Erfassung des gesamtkosmischen *ordo* hinsichtlich seiner räumlichen Dimension. Zur mittelalterlichen Weltkarte gehörte durchaus auch eine Lokalisierung des Paradieses.

In NIZAMIs Geschichte von »Gut« und »Bös«, die »die chinesische Prinzessin am Donnerstag in der sandelfarbenen Jupiterkuppel erzählte«, heißt es von dem Guten, der zur Königsherrschaft gelangte: »Stets erfuhren die Menschen nur Gutes von ihm, und seinem Thron zur Seite saßen Friede, Glück und Gerechtigkeit. Unter seinem Zepter wurde der Dorn zur Dattel, Stein zu Gold, Eisen zu Silber und Sacktuch zur Seide. Mit den Blättern seines wundersamen Baumes aber heilte er die Kranken...«[140] Vorher aber wird

schon gesagt: »Er war ein gerechter Herrscher, den die
Guten verehrten und die Bösen fürchteten.« *Adonai*
ist ein »eifersüchtiger Gott« (Dtn 6,15). Seine Eifersucht ist die Eifersucht der Liebe, für die Gott sich
darauf beruft, daß Ihm die Ermöglichung wahren
Lebens zu danken ist. Leben gibt es nur, wenn Er zum
Leben erweckt, zum Leben befähigt, zum Leben
befreit: Komm und befreie uns aus der Macht des
Todes.

Die 3. Antiphon (O radix Jesse) – in Entsprechung zum Mars

Mars, der dritte der Planeten, erscheint sehr
unregelmäßig in seinen Bewegungen; etwa ein
Jahr lang läuft er mit schwachem Licht in die gleiche
Richtung wie die Sonne und wird dabei von ihr über-
holt, dann bleibt er stehen, um mit starkem, rötlichem
Licht in umgekehrter Richtung der Sonne entgegen-
zueilen. So symbolisiert er die Aggressivität, die
Antriebskraft im Menschen. Das kommt auch in seinem Sigel zum Ausdruck. Es besteht aus einem Kreis
und einem von diesem ausgehenden, nach rechts oben
gerichteten Pfeil. Benannt ist Mars nach dem römischen Kriegsgott. Die Darstellung der »Marskinder«
von HANS SEBALD BEHAM zeigt wildes Kriegstreiben
und grausame Szenen von Mord und Totschlag. Doch
ist solche martiale Gewaltsamkeit nicht die einzige
Entfaltungsmöglichkeit der Marsfähigkeit. Auf der
Tischplatte von MARTIN SCHAFFNER ist dem Mars »die
Stärke, die alles Unglück zwingt«, zugeordnet, Stärke
also im Sinne von *Tapferkeit.* Von den Freien Künsten
weist BEHAM dem Mars die *Arithmetik* zu, die Zah-

lenlehre, die zugleich eine Lehre der Proportionen und Rhythmen ist, die Grundlage alles weiteren Fortschritts in der Erforschung der Welt. Mars ist »Herrscher« der Tierkreiszeichen Widder und Skorpion. Widder, das erste der Zeichen im Tierkreis, symbolisiert frühlinghaftes Aufsprießen neuen Lebens, neuer Vitalität. Die Sonne tritt ins Zeichen Widder im Monat März, der seinen Namen vom Mars hat. Bevor Mars zum römischen Kriegsgott wurde, war er ein italischer Bauerngott. Wie mit der ungebändigten Vitalität des Mars umgehen? Die entsprechende O-Antiphon lautet:

O radix Jesse, qui stas in signum populorum,
super quem continebunt reges os *suum,* quem
    gentes deprecabuntur:
veni ad liberandum *nos,* jam noli tardare.

O Wurzelsproß Isais, der du dastehst als Zeichen
    für die Nationen –
vor dem die Könige *ihren* Mund schließen, den
    die Völker anflehen:
komm, *uns* zu befreien, säume nicht länger.

Grundtext für den ersten Teil der Antiphon ist die prophetische Verheißung von Jesaja 11,10: »An jenem Tag wird es der Wurzelsproß Isais sein, der dasteht als Zeichen für die Nationen; die Völker suchen ihn auf« (lateinisch: »flehen ihn an« – *deprecabuntur*). Eingeschoben ist aus dem Vierten Lied vom Leidenden Gottesknecht die Aussage, daß staunend über ihn selbst Könige den Mund schließen (Jes 52,15). Grund dafür ist der, der vor Gott wie ein »Wurzelsproß aus dürstendem Boden« aufwuchs (Jes 53,2): »Er hat unsere Schmerzen auf sich genommen… Der Herr lud auf ihn die Schuld von uns allen ... Er aber war wie ein Lamm, das man zum Schlachten führt, das aber seinen Mund nicht auftut.« Als Ziel des erflehten Kommens wird in der Antiphon dementsprechend angegeben: »uns zu befreien«. Das »Komm!« erscheint im Text der Antiphon nicht nur als Bitte derer, die die Antiphon singen, sondern als der Inhalt des Flehens der Völker! Drängend wird das »Komm!« noch verstärkt durch die Aufforderung »Säume nicht länger!« Hier klingt ein Satz aus dem Propheten Habakuk (Hab 2,3) an, der auch vom Hebräerbrief (Hebr 10,37) zitiert wird: »Der da kommen soll, wird kommen, und er wird nicht säumen« – hier als Begründung für die Mahnung zur Ausdauer: »Was ihr braucht, ist Ausdauer, damit ihr den Willen Gottes erfüllen könnt und so das verheißene Gut erlangt« (Hebr 10,36).

Der Leidende Gottesknecht mit der Kraft seiner schweigenden Hingabe und Geduld wird in der Antiphon zum Vorbild des Gott gefälligen Umgangs mit der Marsfähigkeit. Auch Amalar von Metz ordnet dieser Antiphon die Geistesgabe der Stärke zu, die sich durch Furchtlosigkeit und Vertrauen auszeichnet. Er sieht in der Antiphon einen Hinweis auf Christus am Kreuz. Er ist Gegenbild zum Umgang mit Macht, wie sie bei den Königen sonst üblich ist, und ist dadurch ein Zeichen für die Völker, das die Könige verstummen läßt. Ihre Macht vergeht. Ganz entscheidend ist, daß die verheißungsvolle Vitalität der Marsfähigkeit im Bild des Wurzelsprosses vorgestellt wird, nicht etwa im Bild eines scharfen Schwertes, das von Gott her bereit steht, auf die Völker und ihre Könige dreinzuschlagen. Der Wurzelsproß folgt den ihm eingestifteten Wachstumsgesetzen, nicht den Gesetzen der Gewalt. Seine Vitalität ist geschenkte Vitalität, ist

Gabe. Seine Frucht kommt zum Ziel in der Hingabe.
DANE RUDHYAR macht darauf aufmerksam, daß eine
spirituelle Erneuerung der Marsfähigkeit eine Abkehr
von der Gewalt ist, niemals aber Impotenz bedeuten
kann. »Der Geist kann in vielen verschiedenen Arten
und Weisen empfangen werden, aber er ist immer
Kraft, eine Kraft allerdings, die unauslöschlich mit
Sinn verbunden ist... Desinteresse an Macht und Kraft
ist ganz einfach ein Kennzeichen innerer Ermüdung
und/oder der mangelnden Bereitschaft, ein Werk zu
unternehmen und Verantwortung dafür zu tragen ...
Verantwortung impliziert (jedoch) nicht die persönliche Sorge um die Ergebnisse der jeweiligen Handlungen, vorausgesetzt, daß die Kraft wahrhaftig, bewußt
und in vollkommener Hingabe an das Göttliche im
Inneren eingesetzt wurde.«[141]
NIZAMI läßt »die russische Prinzessin am Dienstag in
der roten Marskuppel« die Geschichte jener schönen
und vielseitig talentierten Prinzessin erzählen, die später unter dem Namen Turandot bekannt geworden
ist. Alle ihre Freier, die sie in ihrer uneinnehmbaren
Festung stürmisch begehrten, »rannten blind und
unwissend in ihr Verderben«. Der Prinz aber, der
schließlich das Ziel erreicht, verbindet mit seiner
»herzverwirrenden Leidenschaft« einen wachen Verstand: »Ich bin wohl kühn genug, um das Leben zu
wagen – aber es einfach nur wegwerfen: ... wem nütze
ich damit?«[142] Für »lange, lange Zeit« geht er in die
Einsamkeit, in die Lehre des Weisesten der Weisen, der
in einer Höhle lebt und »alle Geheimnisse dieser Welt
bis auf den Grund« erkannt hat. Erst, nachdem er
»große Geduld und noch manches andere an Weisheit
gelernt hatte«, geht er sein Ziel an, sich zuvor der
Gebete aller Gottsucher vergewissernd. Jetzt kann er

sagen: »Nicht meinetwegen ziehe ich aus, denn ich habe die Leidenschaft in meinem Innern besiegt, aber diesem Blutvergießen muß ein Ende gemacht werden.«[143] Die Menschen feiern ihn nun als den, der sie aus der Not errettet hat.[144]

Die 4. Antiphon (O clavis David) – in Entsprechung zur Sonne

⊙ Die Sonne ist der der Erde viertnächste der »Planeten«, die Mitte ihrer Siebenzahl, das Zentrum des meta-physischen Kosmos, wie er durch die Planeten symbolisiert wird. Auch ihr Sigel – ein Kreis mit einem Punkt in der Mitte – macht deutlich, daß die Sonne gleichsam das Leben selbst ist. Wenn die Sonne scheint, sind die übrigen Planeten nicht sichtbar, sie treten erst in Erscheinung, wenn das Leben »fort« ist. Dann vertreten sie sie gleichsam, spiegeln sie je auf ihre Art ihr Licht – einen bestimmten Aspekt ihres Lichtes – wider. Der Gegensatz von Leben ist schlicht Leblosigkeit, Tod. Die Erfahrung des Todes wird gewöhnlich beschrieben als Finsternis und als Eingeschlossen-Sein. Wer öffnet uns das Tor zum Leben? Die entsprechende vierte O-Antiphon lautet:

O clavis David et sceptrum domus Israel;
qui aperis et nemo *claudit*; claudis et nemo aperit:
veni et educ vinctum de domo carceris, sedentem
    in *tenebris* et umbra mortis.

O Schlüssel Davids und Zepter des Hauses Israel –
der du öffnest und niemand *schließt*; du schließt,
    und niemand öffnet:
komm und führe den Gefangenen aus dem Kerker,
den, der sitzt in *Finsternis* und Todesschatten.

Grundtext ist das Wort Gottes an seinen »Knecht Elja-kim« aus Jesaja 22,22, wie es in Vers 3,7 der Offenbarung des Johannes zitiert wird: Dort, im Brief an die Gemeinde in Philadelphia, ist es »der Heilige, der Wahrhaftige« selbst, »der den Schlüssel Davids hat, der öffnet, und niemand schließt, der schließt, und niemand öffnet«. Die Antiphon geht noch einen Schritt weiter und nennt ihn selbst den »Schlüssel Davids« und in einem ergänzenden Einschub »Zepter des Hauses Israel«, eine Anspielung wohl auf den Segen Jakobs, des Vaters des Hauses Israel, daß das Zepter von Juda nicht weichen wird, bis der kommt, dem es gehört (Gen 49,10).[145] Das ist nach neutestamentlichem Verständnis Jesus Christus, der aus dem Stamme Juda hervorgeht und von dem der Engel Gabriel sagt, daß er auf dem »Thron seines Vaters David« »über das Haus Jakob in Ewigkeit herrschen wird« (Lk 1,32f.). Er ist gemäß Lukas 1,78f. auch »das aufstrahlende Licht aus der Höhe«, das gekommen ist, allen zu leuchten, »die in Finsternis sitzen und Todesschatten«. Deutlicher ist im zweiten Teil der Antiphon jedoch aus dem Ersten Gottesknechtslied (Jes 42,1-9) zitiert: Gott hat ihn bestimmt zum »Licht für die Völker«, damit »du herausführst...den Gefangenen *(vinctum),* aus dem Kerker *(de domo carceris)* die, die sitzen in Finsternis« (Jes 42,6f.).

Christus als die Sonne, die das Leben erschließt. Auf der Tischplatte des MARTIN SCHAFFNER ist der Sonne, »der siben zaichen liecht« (der sieben Zeichen Licht), von den Tugenden die »gute *Hoffnung*« zugeordnet, von den Freien Künsten die *Grammatik,* die »all Künsten laidt« (alle Künste leitet), geht es doch in der Grammatik als der Elementarlehre von der Sprache um die Sinn-Erschließung der Lebenswirklichkeit als Grundlage jeder Lebensgestaltung.

Die Antiphon spricht jedoch nicht nur vom Öffnen, sondern auch vom Schließen, von der Möglichkeit, daß eine Erschließung des Lebens definitiv verfehlt wird.

Löwe ist das einzige Zeichen, dessen »Herrscher« die Sonne ist. Die Offenbarung des Johannes sieht in dem Wurzelsproß Davids auch den siegreichen »Löwen aus dem Stamm Juda«, der allein fähig ist, das Buch (der Geschichte) in der Hand dessen, der auf dem himmlischen Thron sitzt, und seine sieben Siegel zu öffnen. Sonst ist im Neuen Testament der Löwe jedoch ein Bild für Gott feindliche, das Leben verschlingende Mächte (z. B. 1 Petr 5,8). Auch die Sonne ist in der astrologischen Symbolik ambivalent: Statt zu leuchten und zu wärmen, kann sie auch blenden und durch ihre Hitze sengen und verbrennen, also Verblendung und eine Vernichtung des Lebens bewirken. HANS SEBALD BEHAMs Darstellung der »Sonnenkinder« zeigt herrschaftlich sich gebärdende Menschen vor Palästen, als Beteiligte oder Zuschauer spielerischer Kämpfe: Menschen auf der »Sonnenseite« des Lebens. Und doch darf man fragen, ob das in Wahrheit die Fülle des Lebens ist. NIZAMI zeigt in der Geschichte, die »die griechische Prinzessin am Sonntag in der gelben Sonnenkuppel erzählte«, eine zweifache Voraussetzung dafür, daß es Menschen gelingt, wirklich zu sich selbst und dadurch auch zueinander zu finden: erstens, daß sie vor sich und voreinander die Wahrheit über die Begierden und Leidenschaften ihres Herzens nicht verbergen, und zweitens, daß sie überwinden, worin sie gefangen und dadurch sich selbst entfremdet sind; genannt werden »die Furcht vor dem Horoskop« und

162

»die Angst vor einem alten Verhängnis«.[146] Das ist ein Weg nicht ohne leidvolle Umwege, der aber Voraussetzung dafür ist, daß das Glück der Liebe wie die Strahlen der Sonne zum Durchbruch kommt.

Die 5. Antiphon (O Oriens) – in Entsprechung zur Venus

 Die fünfte Antiphon bereitet Schwierigkeiten:

O Oriens, splendor lucis aeternae
et sol *justitiae*:
veni et illumina sedentes in *tenebris* et umbra
 mortis.

O Aufgehender (Stern), Glanz des ewigen Lichtes,
Sonne der *Gerechtigkeit*:
komm und erleuchte, die sitzen in *Finsternis* und
 Todesschatten.

Diese Antiphon endet wie die in Entsprechung zur Sonne gedeutete vierte, in der jedoch nur durch dieses Ende, die durch die Melodie betonte Finsternis, eine Lichtsymbolik in den Blick kam. Diesmal wird eindeutiger aus dem neutestamentlichen Lobgesang des Zacharias zitiert (der fester Bestandteil des kirchlichen Morgenlobs ist): daß uns besuchen wird der Aufgehende *(oriens)* ..., zu erleuchten die, die in Finsternis und Todesschatten sitzen (Lk 1,78 f.). Was mit dem Aufgehenden gemeint ist, muß zunächst offen bleiben. Daß diesmal nicht an einen aufgehenden Wurzelsproß etwa, sondern an einen Stern gedacht ist (wie er in Numeri 24,27 für Jakob verheißen ist), dürfte angesichts der Lichtsymbolik klar sein. Nimmt man die

beiden Appositionen hinzu (»Glanz des ewigen Lichtes« und »Sonne der Gerechtigkeit«), dann erinnert die
Antiphon insgesamt auch an Aussagen des Propheten
Jesaja: daß Gott der Herr bzw. sein Gerechter wie ein
leuchtender Glanz aufgeht in der Finsternis (Jes 60,2f.;
62,1); doch solange die Menschen nicht den Weg der
Gerechtigkeit gehen, bleiben Recht und Gerechtigkeit
ihnen fern, wandern sie in Finsternis, wenn sie auch
Licht und Glanz erwarten (Jes 59,8 f.). Denen aber,
die Gott fürchten, wird – so heißt es Maleachi 3,20 /
lateinisch: 4,2) – die »Sonne der Gerechtigkeit« aufgehen.

In der Antiphon sind durch die melodische Betonung
die beiden Begriffe Gerechtigkeit und Finsternis hervorgehoben: Entsprechend den prophetischen Verheißungen möge in der Finsternis die Gerechtigkeit
aufgehen wie ein Lichtglanz. Diesen näher zu bestimmen, gehört nicht zur theologischen Intention dieses
Bildes. Maleachi spricht von der Sonne. Der zweite
Petrusbrief (1,19) spricht vom Aufgang des »Luzifer«
in den Herzen. »Luzifer« ist in der Antike zumeist der
Name für den Planeten Venus, wenn er als Morgenstern aufgeht. Glänzender »Morgenstern« wird der
Wurzelsproß Davids in der Offenbarung des Johannes
(22,16; vgl. 5,5) genannt. Unsere Antiphon sucht
offenbar eher einem dogmatischen Problem gerecht zu
werden, das in der Bildsymbolik entstehen könnte,
wenn Christus nicht gesehen wird im Bild der Sonne,
sondern eines Planeten wie des Morgensterns, der kein
eigenes Licht ausstrahlt, sondern lediglich das der
Sonne widerspiegelt. Offenbar soll sichergestellt sein,
daß der erwartete Kommende »aus dem Vater geboren
vor aller Zeit: Gott von Gott, Licht vom Licht ...,
eines Wesens mit dem Vater« ist, wie es im Nizäno-

Konstantinopolitanischen Glaubensbekenntnis heißt. Bei der Apposition »Glanz des ewigen Lichtes« in der Antiphon ist wohl aus dem Hebräerbrief (1,3) mitzuhören, daß der Sohn »Abglanz der Herrlichkeit« des Vaters ist; im Lateinischen steht hier ebenfalls *splendor.* Doch die Aussageintention der Antiphon ist das nicht. Nicht die Ewigkeit ist betont, sondern die Gerechtigkeit. Um das zu erreichen, war es notwendig, ausnahmsweise auf die erwähnte Melodiefloskel zu verzichten, durch die in allen sechs anderen O-Antiphonen der Imperativ »veni – komm!« hervorgehoben ist.

Liegt die Betonung aber auf dem begrifflichen Gegensatz »Gerechtigkeit« und »Finsternis«, dann entspricht die Antiphon, wenn nicht in theologischer, so doch in astraler Symbolik durchaus dem Planeten Venus. Venus gehört zu den »inneren« Planeten; d. h. daß ihre Bahn zwischen Erde und Sonne liegt. Darum erscheint sie stets in der Nähe der Sonne, entweder ihr voraus als Morgenstern oder ihr nachfolgend als Abendstern. Ihr Licht ist warm und freundlich, ihre Bewegung regelmäßig. So ist sie ein Bild für das Streben im Menschen, das nach Ausgleich, Ausgeglichenheit und Ergänzung, nach Schönheit und Harmonie, nach Gerechtigkeit und Liebe drängt. Von den Freien Künsten ist ihr auf MARTIN SCHAFFNERs Tischplatte die *Musik* zugeordnet. Der »Herrschaftsbereich« der Venus sind die Tierkreiszeichen Stier und Waage. HANS SEBALD BEHAMs Darstellung der »Venuskinder« zeigt Menschen in trauter Verliebtheit, miteinander musizierend, miteinander lustwandelnd oder sonstwie sich vergnügend, miteinander badend und miteinander eine Tischgemeinschaft bildend. In all diesen Lebensäußerungen ist es sehr entscheidend, daß das rechte Maß eingehalten wird. Die *Mäßigkeit,* die an der Gerechtigkeit Gottes Maß nimmt, ist die der Venus zugeordnete Tugend. MARTIN SCHAFFNER nennt sie die »Willigkait«, die es zu bedenken gilt, soll etwas guten Mutes vollbracht werden. NIZAMI stellt das dar in der köstlichen Geschichte von den Heimsuchungen der Liebe, die »die persische Prinzessin am Freitag in der weißen Venuskuppel erzählte«. Darin muß der verliebte Jüngling, da er »kam zu seiner Lieben, von Sehnsucht nach dem Glück getrieben«, zuerst die Erfahrung machen: »Liebe muß rein sein und schuldlos ...; denn ist sie das nicht, so wird sie zum Fluch. ... In uns selbst lauern die Raubtiere und sind die Fallen verborgen.« Erst als er so sich dem »Walten des Allmächtigen« beugt, kann er – »als dann am Himmel die Sonne emporgestiegen war und in ihrem leuchtenden Spinnennetz das Böse und Dunkle gefangen lag« – die Hochzeit vorbereiten und die Liebe finden, »die war licht wie der Sonnenquell«.[147] DANE RUDHYAR spricht im Blick auf die Venusphase des Lebens von einer »Neubewertung« der Sinnzusammenhänge im Sinne einer Bekehrung durch »Identifikation mit der Qualität und dem Sinn der Sonnenidentität«[148], die letztlich darin besteht, daß »nicht mehr ich lebe, sondern Christus in mir lebt« (Gal 2,20). Das Sigel für die Venus zeigt ein Kreuz mit einem Kreis darüber, das Kreuz als Träger kosmischer Ganzheit.

Unsere Antiphon besingt die Sehnsucht nach dem Aufstrahlen der Gerechtigkeit Gottes in uns, daß sie zum Maßstab und Gestaltungsprinzip unserer Leidenschaften werde und dadurch unser Sein bis in die tiefste Tiefe hinein licht werde.

Die 6. Antiphon (O Rex gentium) – in Entsprechung zum Merkur

☿ Der Planet *Merkur* steht am Himmel immer in der Nähe der Sonne. Man sieht ihn also nicht in tiefer Nacht. Er wirkt klein. Sein Licht ist schwach und bleich. Aufgrund seiner raschen Bewegung erweckt er den Eindruck, geschäftig hin und her zu laufen. Selbst also nicht profiliert hervortretend, symbolisiert er Beweglichkeit und Geschicklichkeit im Denken und Handeln, Erfindungsgabe und die Fähigkeit der Berechnung, auch der Überlistung und Täuschung, die Gabe der Kombination, der Herstellung von Verbindungen und Beziehungen, sowie der Kommunikation. (Bis heute werden Zeitungen nach ihm benannt.) Auf der Tischplatte von MARTIN SCHAFFNER sind dem Merkur von den Freien Künsten die *Logik* und von den Tugenden die *Liebe,* die »Kron der tugend«, zugeordnet. Die Darstellung der »Merkurkinder« von HANS SEBALD BEHAM zeigt Vertreter verschiedener Berufe, die im Lebensraum der mittelalterlichen Stadt angesiedelt sind: Händler und Handwerker, Maler und Orgelspieler, Schreiber und andere, zu deren Alltag Bücher und Flugblätter gehören, Alchemisten und sonstige, mit der Erforschung der Geheimnisse von Himmel und Erde befaßte Menschen. Zwillinge und Jungfrau sind die Tierkreiszeichen, die von Merkur beherrscht werden.

In der griechischen Mythologie heißt Merkur Hermes. Er ist der Götterbote, der, kaum geboren, die Leier erfindet und seinem Bruder Apollon eine Rinderherde stiehlt. Nach Hermes ist die Hermeneutik benannt, die Kunst der Darstellung, der Deutung und der Übersetzung. Nach ihm ist ebenso das in die Geheim-

167

nisse der Gnosis einführende, nicht jedem zugängliche »hermetische« Schrifttum benannt. Auch die »Hermeen« tragen seinen Namen: als Wegmarkierungen dienende Steine. Hermes galt den Griechen als Wegweiser, auch als Seelenführer aus dem Diesseits ins Jenseits. Das Sigel des Planeten Merkur zeigt einen Kreis, das Symbol der Ganzheit, zwischen darunter einem Kreuz, dem Symbol der kosmischen Ordnung, und darüber einem nach oben hin offenen Halbkreis. Welche Botschaft enthält die sechste O-Antiphon in Entsprechung zu diesem Planeten?

O Rex gentium, et desideratus earum,
lapisque *angularis,* qui facis utraque unum:
veni et salva *hominem,* quem de limo formasti.

O König der Völker und ihr Ersehnter;
du *Schlußstein,* der du die beiden zu einem machst:
komm und heile den *Menschen,* den du aus Lehm
    gebildet hast.

Melodisch betont ist im ersten Teil dieser Antiphon der Begriff Schlußstein mit Hervorhebung seiner Besonderheit *(angularis),* nämlich seiner Funktion, oben im Gewölbe den Bau in seiner Gesamtheit als Spannungsgefüge zusammenzuhalten. Es handelt sich um ein Zitat aus dem Epheserbrief (2,20). Hier ist der Schlußstein Bild für die Stellung Christi im Hause Gottes: »Durch ihn wird der ganze Bau zusammengehalten.« Diesem Bild geht im Epheserbrief (2,14) voraus, was in der Antiphon als Relativsatz angeschlossen wird: daß Christus die beiden zu einem machte. Gemeint sind das Volk Gottes Israel und die Heidenvölker *(gentes)*: Christus gründete aus den beiden in sich den einen neuen Menschen, dadurch Frieden machend (Eph 2,15). Von daher ist auch der Anfang der Antiphon zu verstehen, die Anrufung »König der Völker«. Wörtlich kommt dieser Ausdruck in der lateinischen Bibel nicht vor. Wohl aber heißt es im Psalm 47,9, daß Gott König der ganzen Erde ist und über die Heidenvölker *(gentes)* herrscht *(regnabit)* und daß die Fürsten der Völker vereint sind mit dem Gott Abrahams.

Die Antiphon sieht in Christus also den, in dem die beiden heilsgeschichtlich unterschiedlichen Teile der Menschheit zu einer Einheit verbunden sind, ohne daß die Unterschiede einfach aufgehoben wären. Das Bild vom Schlußstein charakterisiert diese Verschiedenheit als polare Spannung.

DANE RUDHYAR vergleicht die Merkurphase der menschlichen Entwicklung mit der Elektrizität: »Der Bereich der elektrischen Wirkung ist der Bereich der Dualität. In der Symbolik Merkur sehen wir, daß die einheitliche Kraft der Sonne zu einer polarisierten Energie wird: das Eine wird zu den Zweien. Nun, da die Zweiheit in die Welt der Aktivität eintritt, ist jede Art der Handlung mit einer entgegengesetzten Art der Handlung konfrontiert, wird durch sie aber auch ergänzt.«[149] Die Merkurstufe im menschlichen Reifungsprozeß ist eine Phase des Unterwegsseins. Sie hat die Phase naiver Selbstverständlichkeit hinter sich, ist aber noch nicht am Ziel. Zum Unterwegssein gehört, die Spannungen des Lebens auszuhalten, etwa die zwischen einerseits dem Denken der »Heidenvölker« – gemäß den Gesetzen säkularisierter Wissenschaft, in denen der Mensch sich verliert – und andererseits den Verheißungen des Wortes Gottes für sein Volk. Es sind die Spannungen zwischen Wissenschaft und Glaube. Eine Integration ist nur in der eigenen Person als

»Schlußstein« möglich. Objektiviert stehen beide objektiv nebeneinander.

Eine weitere Spannung, die es auszuhalten gilt, deutet die Antiphon an durch die Einfügung, daß der König der Völker auch der von ihnen »Ersehnte« sei. Das ist eine Aussage, die sich – nur im lateinischen Text – beim Propheten Haggai (2,8) findet. Sich von der Sehnsucht zu unvorsichtig-vorschnellem Zugreifen verleiten lassen heißt sich Täuschungen hingeben und entsprechend enttäuscht werden. Das stellt NIZAMI in der Geschichte von den Abenteuern des schönen Mahan dar, die »die charezmische Prinzessin am Mittwoch in der türkisblauen Merkurkuppel erzählte«. Mahan, ein junger Kaufmann, wollte das Paradies »ohne den langen Umweg über Auferstehung und Jüngstes Gericht«. Doch wonach er griff im Wahn der Leidenschaft, entzog sich ihm immer wieder wie »Quecksilber« – *Quecksilber* wird auch von MARTIN SCHAFFNER dem Merkur zugeordnet. Mahan erging es wie manchem, der »glaubt, er trage in seinem Korb den Stein der Weisen davon – und öffnet er endlich den Deckel, so findet er nichts dort als Schlangen und Ungeziefer«. Er mußte die Erfahrung machen, daß es viele Dämonen gibt, die in Menschengestalt dem Wanderer auflauern und ihn in die Irre führen: »Verführte Verführer, betrogene Betrüger, Toren, die über noch Dümmere lachen. Sie verkleiden die Lüge in Wahrheit, das Gift in Honig; aber niemals ist solches Trugwerk von Dauer.« Erlösung findet Mahan nur dadurch, daß Gott, der »dem Verirrten Wegweiser« ist, ihm auf sein Gebet hin einen Boten schickt. Dieser offenbart Mahan: »Ich bin auch du selbst, dein Bestes, dein innerster Vorsatz – und ich bin gekommen, dich heimzuleiten.«[150]

Auch unsere Antiphon erbittet im zweiten Teil Heilung. Die Melodie unterstreicht, daß es um den Menschen geht. Im Epheserbrief (2,8) heißt es, daß der Mensch diese Heilung *(salvati estis)* nicht aus eigener Kraft erfährt, sondern nur als im Glauben angenommenes Geschenk Gottes. Gott hat den Menschen ja auch aus Lehm geformt, sagt die Antiphon weiter, Genesis 2,7 zitierend. Sie erwähnt nicht, daß der Mensch zum Lebewesen erst durch den Lebensodem wurde, den Gott ihm einhauchte. Der bloß aus Lehm geformte Mensch ist der bloß materielle Mensch, ohne die Spannungseinheit mit dem Lebensodem Gottes. Ihn zu heilen, erbittet die Antiphon. Der von Gott geheilte, weil mit dem »Besten« in ihm konfrontierte und so in seine ursprüngliche Ganzheit »heimgeleitete« Mensch ist im Glauben dafür offen, sich in seiner Existenz Gott zu verdanken, und dadurch in Wahrheit fähig zur Liebe – in dem Bau, dessen verschiedene Pfeiler zusammengehalten werden durch Den, Der der Schlußstein ist und zugleich der Schöpfer und Heiland des Menschen.

Die 7. Antiphon (O Emmanuel) – in Entsprechung zum Mond

Der *Mond* ist das Gestirn am nächtlichen Himmel, das am schnellsten und eindrücklichsten sich wandelt im Wechsel von Neuwerden bis zum Vollmond, der die Nacht erhellt, und dann wieder Abnehmen bis zur Unsichtbarkeit, im Wechsel auch der Farbe und der Stellung am Himmel. »Grande mysterium« nennt Ambrosius[151] den Mond wegen seiner Wechselhaftigkeit: ein Bild, das den Menschen im

Blick auf sich selbst nachdenklich stimmt, ein Bild elementarer Lebenszyklen, ein Bild des unabwendbaren Schicksals, sterben zu müssen, und doch wieder neuer Geburt im Widerstrahl des Lichtes der Sonne, ein Bild des Menschen, aber auch der Kirche. Das deutsche Wort »Laune« hängt etymologisch mit dem lateinischen Wort »luna« = »Mond« zusammen und bringt somit zum Ausdruck, daß der Mond im »lunaren« Bereich des Menschen eine Entsprechung hat. Krebs ist das Tierkreiszeichen, dessen »Herrscher« der Mond ist. Das Sigel des Mondes besteht aus zwei Halbkreisen, die wie die Skizze des zunehmenden Halbmondes oder wie eine Schale nach links hin offen sind, d. h. offen für Einflüsse, die im Unbewußten wirksam werden – befruchtend oder die Leidenschaften erregend –, rational kaum steuerbar. HANS SEBALD BEHAMS Darstellung der »Mondkinder« zeigt Menschen, die mit dem befaßt sind, was die Natur hervorbringt – in der Landwirtschaft, in der Fischerei. Ihr Lebensraum ist die abwechslungsreiche Weite der offenen Landschaft, des offenen Meeres, auch des strömenden Flusses.

Auf dem Weg des Menschen zur eigenen Mitte ist die Mondstufe – gegenpolig zur Saturnstufe – die letzte im Bereich des kosmisch Greifbaren. MARTIN SCHAFFNER weist ihr als entsprechende Tugend den *Glauben* und von den Freien Künsten die *Rhetorik* zu: den Glauben, der eine bewußte Offenheit für das Jenseitige ist und zugleich ein fester Halt in allem Wandel der Zeit, und die Rhetorik als Bemühen, dem Glauben in geistlicher Rede eine durch ihre Gefälligkeit überzeugende Gestalt zu geben. Eine solche ist auch diesmal wieder die entsprechende Geschichte NIZAMIs, die Geschichte vom verliebten Bischr, die »die maurische

Prinzessin am Montag in der grünen Mondkuppel erzählte«. Bischr war ein »frommer Mensch mit einem Herzen so weich wie Wachs«. Eine zufällige Begegnung trifft ihn, »als hätte ihn jählings ein Pfeil getroffen«: Die dadurch erregte »Leidenschaft machte ihn blind, und eine wilde Sehnsucht zog ihn«. Doch sagte ihm eine Stimme: »Der Sieg über die eigene Begierde ist das Kennzeichen wahren Glaubens.« »Am Ende gewann sein helles Ich über das dunkle die Oberhand.« Bischr bittet Gott um einen »Ausweg aus dieser Not«. Gott führt ihn »wie einen Blinden ... Er hatte ihm den Weg gezeigt, den so langen und schwierigen, der über den Verzicht zur Erfüllung führt und den er allein niemals hätte finden können ... Befreit von Finsternis, strahlte nunmehr der Mond.«[152]
Wie entspricht die 7. O-Antiphon der lunaren Bildwelt?

O Emmanuel, Rex et legifer noster,
exspectatio *gentium* et Salvator earum:
veni ad salvandum *nos,* Domine Deus noster.

O Emmanuel, unser König und Gesetzgeber,
du Erwartung der *Völker* und ihr Heiland:
komm, heile *uns,* Herr, unser Gott.

Das vom Propheten Jesaja (7,14) angekündigte Emmanuel-Zeichen erfüllt sich in der Geburt Jesu aus der Jungfrau Maria (vgl. Mt 1,22f.; Lk 1,31). Sein Name tritt an die Stelle des vom Propheten angegebenen Namens Emmanuel = »Gott mit uns«. Matthäus gibt als Begründung für den Namen an: Er wird sein Volk heil machen (Mt 1,21 – lateinisch: *salvum faciet*). Genau das besagt der Name Jesus in seiner hebräischen Urform. Jesus ist, was sein Name besagt: der

Heiland, der Salvator (vgl. Lk 2,11). Unsere für den 23. Dezember vorgesehene Antiphon bittet um sein Kommen mit Worten, die Psalm 106,47 entnommen sind: »Mach uns heil, Herr, unser Gott.« Sie bleibt jedoch gemäß dem Wort des Propheten Jesaja bei dem Namen Emmanuel. Damit ist aber – zumindest nach neutestamentlichem Verständnis – die Geburt aus der Jungfrau verbunden. Sie ist das Zeichen, das dem nicht von Glauben, sondern von Angst bestimmten diplomatischen Kalkül des Königs Achaz entgegengehalten wird. Die Jungfrauengeburt ist das Zeichen für die Geburt »nicht aus dem Willen des Fleisches, nicht aus dem Willen des Mannes, sondern aus Gott« (Joh 1,13): Zeichen für eine »Neuorientierung« (DANE RUDHYAR[153]) im Hören auf das Wort Gottes. Daß dieses Wort Gottes Halt und verpflichtende Richtschnur ist, kommt in den Appositionen zu Emmanuel zum Ausdruck: »unser König und Gesetzgeber«. Sie sind Jesaja 33,22 entnommen: »Der Herr ist unser Richter, der Herr ist unser Gesetzgeber, der Herr ist unser König, er wird uns heilen.« Es ist bezeichnend, daß »unser Richter« nicht übernommen und »unser König« an die erste Stelle gesetzt wurde. Wenn der Emmanuel »unser Gesetzgeber« genannt wird, ist nach neutestamentlichem Verständnis zweifellos an das »neue Gebot« zu denken (Joh 13,34).

Daß der Emmanuel König und Gesetzgeber genannt wird, ist zugleich die »Erwartung der Völker«. Diese ungewöhnliche substantivische Formulierung findet sich – freilich nur im lateinischen Text – im Segen Jakobs über Juda (Gen 49,10), aus dem schon mehrfach in den O-Antiphonen zitiert wurde. Erwartung ist nicht dasselbe wie die Sehnsucht, von der die sechste Antiphon sprach und die, wenn sie nicht ausgehalten wird, im vorschnellen Zugriff einer Ersatzbefriedigung Grund zur Täuschung sein kann. Erwartung besagt, daß man sich dessen, wonach man Ausschau hält, gewiß ist. Mit Geburtswehen vergleicht Paulus im Römerbrief 8,19.22 die Erwartung, in der die Schöpfung in der ihr eingestifteten Hoffnung (Röm 8,20) das Offenbarwerden der Gotteskindschaft erwartet. Die Kirche erwartet im Frühling den Vollmond, um Ostern als das Fest des Heiles zu feiern. Dieses Heil, nach dem unsere Antiphon ruft, ist mit dem Kommen des Heilandes in seiner Geburt noch nicht vollendet. Die Antiphon betont durch ihre Melodieführung, daß dieses Heil den Heidenvölkern *(gentes)* bereit steht (vgl. Apg 28,28). Dem steht als melodischer »Tiefpunkt« gegenüber, daß der Herr, unser Gott, kommen möge, *uns* zu heilen. Am letzten Tag vor dem Heiligen Abend vor Weihnachten richtet sich die Erwartung auf den, von dem der Engel sagen wird: Euch ist heute der Heiland geboren worden ... (Lk 2,11). Möge diese Geburt des Sohnes Gottes Wirklichkeit werden in der »Tiefe« unseres Herzens. Dafür schrittweise sich zu bereiten, ist das Ziel des Weges, der in den sieben O-Antiphonen in Entsprechung zu den sieben Planeten seinen Ausdruck findet – den Ausdruck des Gebetes in Verbindung mit dem Lobgesang Mariens, dem Magnificat, in der abendlichen Vesper: »Meine Seele preist die Größe des Herrn, und mein Geist jubelt über Gott, meinen Heiland *(in Deo salutari meo).*«

IV. Lobpreis des Kreuzes, das Raum und Zeit umfängt

In der römischen Liturgie werden in der Passionszeit zwei Hymnen auf das Kreuz Christi gesungen, die in ihrer lateinischen Urfassung von VENANTIUS FORTUNATUS stammen: *Pange, lingua, gloriosi proelium certaminis* und *Vexilla regis prodeunt*.[154] Letzterer verdient hier Erwähnung als ein Beispiel christlicher Astralmystik. Offenbar ist jede der acht Strophen einem der Wochentage zugeordnet, und zwar dergestalt, daß die Bildsprache der einzelnen Strophen der Reihe nach den mythischen Planetengottheiten entspricht, nach denen die einzelnen Tage der Woche bis heute benannt werden (jedenfalls in den romanischen Sprachen, im Deutschen in Angleichung an die Göttergestalten im germanischen Mythos).

VENANTIUS FORTUNATUS, der Dichter dieser Hymnen, wurde um 540 in Venetien geboren und erhielt seine Ausbildung in Ravenna, der abendländischen Residenzstadt des byzantinischen Kaisers. 565 machte er sich zu einer längeren Reise auf, die ihn über die Alpen zunächst bis nach Metz an den Hof des fränkischen Königs Sigibert von Austrasien und schließlich zum Grab des hl. Martin von Tours führen sollte. Seinen Unterhalt verdiente er sich als gewandter Gelegenheitsdichter. Dabei kam er in Kontakt mit den geistlichen und weltlichen Großen der verschiedenen merowingischen Teilreiche, die sich in jener Zeit, gerade erst christlich geworden und aufgrund ihrer Begegnung mit dem römischen Erbe, in einem kulturellen Aufbruch befanden. 567 erlebte VENANTIUS eine geistliche Bekehrung durch seine Begegnung mit der Nonne Radegunde, einer thüringischen Königstochter, die, nach der Eroberung Thüringens durch den fränkischen König Chlotar I. von diesem zur Heirat gezwungen, nach zehnjähriger Ehe flüchten konnte, nach Poitiers gelangte und dort ein Frauenkloster gründete. Für dieses erhielt sie 569 vom byzantinischen Kaiser Justin II. eine Kreuzreliquie. Die Freude über die Übertragung dieser Kreuzreliquie und die dadurch geweckte Verehrung des Heiligen Kreuzes waren der Anlaß, die beiden Hymnen zu dichten.

Als der einzige nennenswerte abendländische Dichter des 6. Jahrhunderts steht VENANTIUS an der Schwelle zweier Epochen: Einerseits nennt man ihn »den letzten Römerdichter«, »und er wollte nur unter solchen Franken sein Leben verbringen, bei denen die lateinische Bildung und Gesittung Wurzeln geschlagen hatte«; andererseits ist er doch auch sehr mit der heraufziehenden Ära verbunden, in der er lange nachwirkte.[155]

Zum Verständnis seiner Kreuzhymnen ist aus seinen sonstigen Schriften vor allem seine Auslegung des Apostolischen Glaubensbekenntnisses zu nennen, die er wohl erst geschrieben hat, nachdem er um 600 – nicht lange vor seinem Tod – Bischof von Poitiers geworden war.[156] Bei dieser seiner Auslegung lehnte sich VENANTIUS stark an Rufinus von Aquileja († 410) an[157], einen lateinischen Schriftsteller, der nach Aufenthalten in Alexandrien und Jerusalem zahlreiche griechische Schriften im Westen bekannt machte. Erweist sich VENANTIUS aufgrund seines Studiums in

Ravenna als Kenner der antiken Dichtung, so zeigt allein schon die Abhängigkeit von Rufinus, daß er im patristischen Erbe des Ostens wie des Westens verwurzelt ist. Doch zeigen gerade seine Kreuzhymnen auch seine dichterische Eigenständigkeit.

Im deutschsprachigen Stundenbuch der katholischen Kirche haben wir es bei den Hymnen der lateinischen Tradition mit Nachdichtungen zu tun, die sich zwar an das vorgegebene Versmaß, nicht immer jedoch an den vorgegebenen Wortlaut halten und bezüglich ihrer dichterischen Qualität kaum befriedigen und letztlich wohl auch nicht befriedigen können. Im folgenden habe ich den Versuch unternommen, eine möglichst wortgetreue Übersetzung anzufertigen, die lediglich eine Verstehenshilfe sein soll. Um den Liedcharakter zu bewahren, wurde auch hier bewußt nicht auf das Versmaß verzichtet.

Der Hymnus »Vexilla regis prodeunt«

1. *Vexilla regis prodeunt,*
   Fulget crucis mysterium,
   Quo carne carnis conditor
   Suspensus est patibuto.

   Des Königs Siegeszeichen naht,
   Das Kreuzgeheimnis leuchtet auf,
   Da, Der des Fleisches Bildner ist,
   Im Fleische hängt am Galgenholz.

2. *Confixa clavis viscera*
   Tendens manus vestigia
   Redemptionis gratia
   Hic immolata est hostia.

Durchbohrt mit Nägeln bis ins Mark,
Spannt Er die Händ' und Füße aus,
Erlösung wirkend gnadenhaft,
Geschlachtet hier als Opfertier;

3. *Quo vulneratus insuper*
   Mucrone diro lanceae,
   Ut nos lavaret crimine,
   Manavit unda et sanguine.

   Da Er verwundet ward zudem
   Durch einer Lanze grausig Stich:
   Daß Er von Schuld uns wasche rein,
   Strömt Wasser aus von Ihm und Blut.

4. *Inpleta sunt quae concinit*
   David fideli carmine
   Dicendo nationibus:
   Regnavit a ligno Deus.

   Erfüllt ist jetzt, was David sang
   Im glaubwürdigen Psalmenlied,
   Den Völkern kündend, daß nun Gott
   Als König herrschen wird vom Holz.

5. *Arbor decora et fulgida,*
   Ornata regis purpura,
   Electa digno stipite
   Tam sancta membra tangere.

   Ein Baum, so edel, strahlend schön,
   Geschmückt mit Purpur königlich,
   Erwählt, daß würdig ist sein Stamm,
   Solch heil'ge Glieder anzurührn.

6. *Beata cuius brachiis*
Pretium pependit saeculi,
Statera facta est corporis
Praedam tulitque tartari.

An dessen Armen – Seligkeit! –
Der Lösepreis der Weltzeit hing,
Zur Waage wurd er dieses Leibs
Und trug der Hölle Beute fort.

7. *Fundis aroma cortice,*
Vincis sapore nectare,
Jucunda fructu fertili
Plaudis triumpho nobili.

Aroma strömt aus deinem Stamm,
Selbst Balsam übertrifft dein Duft,
Und überreich beglückt mit Frucht
Gibst du die Ehre dem Triumph.

8. *Salve, ara, salve, victima,*
De passionis gloria,
Qua vita mortem pertulit
Et morte vitam reddidit.

Altar und Opfer, seid gegrüßt,
Im Ruhm des Leidens, seid gegrüßt.
Da hier das Leben fand den Tod,
Im Tod das Leben gab zurück.

Die vorstehende Fassung ist nach übereinstimmender Meinung der verschiedenen Herausgeber die ursprüngliche.[158] Von ihr wurden jedoch die 2. Strophe und dann die 7. und 8. Strophe in der liturgischen Tradition nicht rezipiert. Hier finden sich seit alters anstelle der letzten beiden Strophen zwei andere. Im neuen deutschen Stundenbuch ist zudem die 6. Strophe der Originalfassung weggelassen.[159]

Bezüglich des Versmaßes (jambische Dimeter) und des Strophenbaues ist dieser Hymnus so gestaltet wie weitaus die meisten der lateinischen Hymnen. In seiner ursprünglichen Fassung mit ihren acht Strophen hat er eine deutliche Zäsur nach der 4. Strophe: In der ersten Hälfte des Hymnus wird der Gekreuzigte, in der zweiten Hälfte wird das Kreuz besungen. Dem königlichen Herrschen *(regnavit)* des Gekreuzigten »vom Holz« (am Ende der 4. Strophe)[160] entspricht (in der 5. Strophe) der Purpur des Königs *(regis)*, mit dem der Baum des Kreuzes geschmückt ist. Auch die übrigen Strophen sind von der Mitte her einander gegenläufig zugeordnet.

Grammatikalisch ist der tragende Begriff des ersten Teiles *mysterium* = »Geheimnis«. Zweimal wird daran relativisch mit *quo* (»da«) angeknüpft: in 1,3 und 3,1. Die 2. Strophe ist eine Weiterführung des ersten relativischen Anschlusses – das Hängen am Galgenholz deutend –, die 3. Strophe erschließt im Blick auf die von einer Lanze geöffnete Seite des Gekreuzigten die Heilsbedeutung des Kreuzes. Die 4. Strophe schließt den ersten Teil damit ab, daß sie im Aufleuchten, in der Offenbarung des Kreuzgeheimnisses eine Erfüllung alttestamentlicher Prophetie besingt, die allen Völkern gilt.

Grammatikalisch tragender Begriff des zweiten Teiles ist *arbor* = »Baum«. Darauf beziehen sich *decora, fulgida, ornata* und *electa* (»edel«, »strahlend«, »geschmückt« und »erwählt«) in der 5. Strophe und *beata* (»selig«) zu Beginn der 6. Strophe. Mit den beiden letzten Zeilen der 6. Strophe wird der mit *arbor* begonnene Hauptsatz weitergeführt. Diese 6. und zu-

181

gleich drittletzte Strophe erschließt noch einmal – in Parallele zur 3. Strophe – die Heilsbedeutung des Kreuzes, diesmal im Bild einer Waage. Während jedoch die Aussagen der 3. Strophe »uns« betreffen, wird in der 6. Strophe das *saeculum* ins Auge gefaßt. *Saeculum* ist Übersetzung des griechischen *aion* und wird wie dieses oft identisch mit »Welt« *(mundus, kosmos)* gebraucht, hat jedoch sehr viel stärker eine zeitliche Komponente: Weltzeit.[161] Die Grundbedeutung von *saeculum* (etymologisch verwandt mit *sexus*) ist die Generationenfolge. So eignet sich der Begriff, um heilsgeschichtliche Abhängigkeiten zum Ausdruck zu bringen, Weltzeitalter von ihrem Ursprung her zu bestimmen und so auch den herrschenden »Zeitgeist« zu charakterisieren.

»Geheimnis des Kreuzes«

Unser Hymnus faßt in der zweiten Zeile die komplexe Bedeutung des Kreuzes in dem Begriff »Geheimnis des Kreuzes«. Diese Wortverbindung kommt im Neuen Testament nicht vor. Wohl aber bezieht Paulus »das Geheimnis der verborgenen Weisheit Gottes« (1 Kor 12,7) auf das »Wort vom Kreuz« (1 Kor 1,18). Von dem Geheimnis, das seit Ewigkeit verborgen war, jetzt aber in Christus zur Durchführung gelangt ist, spricht auch der Epheserbrief. Daran anschließend wird der Wunsch ausgesprochen, die Gläubigen möchten – Christus in ihrem Herzen und in der Liebe verwurzelt – fähig werden »zu begreifen, welches die Länge und Breite und Höhe und Tiefe ist« (Eph 3,18). In seiner Auslegung des Apostolischen Glaubensbekenntnisses zitiert VENANTIUS diese »kosmische Formel«[162] (gemäß seiner Wiedergabe von Eph 3,18: »Höhe, Breite und Tiefe«). Sie bezeichne das Kreuz und mache deutlich, daß Christus Sich am Kreuz die »drei Reiche« unterworfen habe: »In der Luft aufgehängt, erlangte Er den Sieg über die unguten himmlischen und geistigen (Mächte), Seine Hände zum Volk hin ausstreckend, (erlangte Er) die (Sieges)palme über die irdischen (Mächte); daß das Kreuz aber unter der Erde festgemacht ist, zeigt, daß Er über die Unterwelt triumphiert«.[163] Mit dieser kosmischen Sicht des Kreuzes steht VENANTIUS im breiten Strom patristischer Überlieferung.

Immer wieder wird Epheser 3,18 als Hinweis darauf zitiert, daß die Gestalt des Kreuzes als das Zeichen Christi, des schöpferischen WORTES Gottes, dem ganzen Kosmos eingeprägt ist.[164] Im »Martyrium des Andreas« aus dem 2. Jahrhundert heißt es: »Ich kenne dein Geheimnis, du Kreuz, warum du errichtet bist. Denn du bist errichtet in der Welt, das Unstete fest zu machen. Und du reichst bis in den Himmel, um das wahre Sein des Menschen anzuzeigen. Du bist ausgebreitet zur Rechten und zur Linken, die furchtbare und feindliche Macht zur Umkehr zu bringen und die Welt in Eins zu versammeln. Du bist in die Erde festgefügt, damit du das, was in die Erde reicht und in der Tiefe ist, mit dem Himmel verbindest. Du Wort vom Kreuz, das das Weltall umschließt. Heil dir, du Kreuz, das du die Weite *(periphereion)* des Kosmos umfängst. Heil dir, du Gestalt der Einheit, die du dem Ungestalteten *(amorphon)* Gestalt gibst.«[165]

Das Kreuz als Überwindung der Mächte des Chaos: Das klingt auch an im Begriff *vexilla*, mit dem unser Hymnus beginnt. *Vexilla*, eine häufig gebrauchte Pluralform von *vexillum* – einer Verkleinerungsform von *velum* (= »Tuch«) – ist ein Fachausdruck mit mehrfacher spezifischer Bedeutung in der Sprache des Militärs wie auch der Seefahrt. Im Deutschen entspricht dem ursprünglich Gemeinten das »Fähnlein«, das Erkennungszeichen einer kleinen militärischen Einheit, dann aber auch die mit diesem Zeichen sich identifizierende Einheit selbst, die dadurch zugleich als in der Gefolgschaft, in der *militia* ihres Königs stehend gekennzeichnet ist. Die Vorstellung einer Kreuzgestalt verband sich mit dem *vexillum* dadurch, daß es an einer Stange hing, die ihrerseits quer an einem Mast befestigt war. Diese Gestalt hatten die Standarten der römischen Heere, deren Fahnentuch als *vexilla* bezeichnet wurde. *Vexilla* hieß aber auch das Bramsegel oben am Mastbaum der Schiffe.

In beiden Fällen ist das *vexillum* Zeichen der Siegesgewißheit im Kampf gegen widrige Mächte. Die ganze Religion der römischen Heere sei eigentlich eine Verehrung von Zeichen, deren innere Gestalt das Kreuz ist, schreibt Tertullian. Die Tücher der *vexilla* seien lediglich eine Bekleidung für Kreuze.[166] Und in einer dem Bischof und Märtyrer Methodius von Philippi († um 312) zugeschriebenen Predigt über das Kreuz Christi in griechischer Sprache heißt es: »Unsere Könige haben daher zur Vertreibung aller bösen Gewalt beschlossen, sich die Gestalt des Kreuzbildes zu eigen zu machen, und die ›vexilla‹ angefertigt, wie sie in der lateinischen Sprache genannt wird. Daher weicht das Meer dieser Gestalt und läßt sich von den Menschen mit Schiffen befahren. Die ganze Schöpfung ist nämlich, wie gesagt, zu ihrer Freiheit mit diesem Zeichen bekleidet … Selbst der Mensch stellt nichts anderes dar als das, wenn er seine Hände ausbreitet.«[167] Dieses Bild des Menschen ist in der 2. Strophe unseres Hymnus aufgegriffen.

Das All umfassend in Raum und Zeit

Von VENANTIUS FORTUNATUS sind mehrere Akrostichen auf das Kreuz überliefert. Eines sei im folgenden wiedergegeben: Hier stehen 34 Zeilen mit je 34 Buchstaben untereinander. Jede Zeile enthält einen Lobpreis oder eine Bitte im Blick auf das Kreuz. Dasselbe gilt für die 34 ersten und die 34 letzten Buchstaben der Zeilen, von oben nach unten gelesen. Außerdem sind in den Text vier Sinnsprüche so hineinverwoben (im Druck hervorgehoben), daß sie eine Kreuzform ergeben, die den ganzen Text durchzieht, ihn gleichsam zusammenhält. Einer dieser Sprüche beispielsweise lautet: TU FORTUNATUM FRAGILEM CRUX SANCTA TUERE – »Du, heiliges Kreuz, schütze den gebrechlichen Fortunatus«.[168]
Hier ist spielerisch zum Ausdruck gebracht, daß das Kreuz den ganzen Kosmos durchwaltet und zusammenhält. Das Akrostichon enthält freilich einige Fehler – möglicherweise nicht ohne Absicht, wie ja auch traditionelle muslimische Teppiche bewußt Webfehler enthalten, um die Erfahrung widerzuspiegeln, daß nur Gott, aber nichts auf Erden vollkommen ist. Jeder Kalender muß damit fertig werden, daß das Miteinander von Sonnenjahren, Mondzyklen und Tagen nicht das Bild einer simplen Harmonie bietet. Das entspricht unserer Alltagserfahrung, daß vieles in unserem Leben nicht miteinander verrechenbar ist, rechnerisch nicht aufgeht.
Was die Akrostichen in räumlichen Kategorien zeigen,

```
D I U S A P E X C A R N E E F F I N G E N S G E N I T A L I A L I M I
V I T A L I T E R R A E C O M P I N G I T S A N G U I N E G L U T E N
L U C I F E R A X A V R A S A N I M A N T E S A F F L U I T I L L I C
C O N D I T U R E N I X A N S A D A M F A C T O R I S A D I N S T A R
E X I L U I T P R O T O P L A S M A S O L O R E S N O B I L I S U S U
D I U E S I N A R B I T R I O R A D I A N T I L U M I N E D E H I N C
E X M E M B R I S A D A E V A S F I T T V M U I R G I N I S H E U A E
C A R N E C R E A T A V I R I D E H I N C C O P U L A T U R E I D E M
V T P A R A D I S S I A C O D E N E L A E T A R E T U R I N H O R T O
S E D D E S E D E P I A P E P V L I T T E M E R A B I L E G U T T U R
S E R P E N T I S S U A S U P O M I S V C O A T R A P R O P I N A N S
I N S A C I A T R I C I M O R T I F A M E S A C C I D I T I L L I N C
G A V I S U R U S O B H O C C A E L I F L U I S A R C E L O C A T O R
N A S C I P R O N O B I S M I S E R A R I S E T U L C E R E C L A V I
I N C R U C E C O N F I G I T A L I M A L A G M A T E I N U N C T I S
U N A S A L U S N O B I S L I G N O A G N I S A N G U I N E V E N I T
I U C U N D A S P E C I E S I N T E P I A B R A C H I A C H R I S T I
A F F I X A S T E T E R A N T E T P A L M A B I A B I L I S I N H A C
C A R A C A R O P O E N A S I N M I T E S U S T U L I T H A U S T V °
A R B O R S U A V I S A G R I T E C V M N O V A V I T A P A R A T U R
E L E C T A V T V I S U S I C E C R U C I S O R D I N E P U L C H R A
L U M E N S P E S S C U T U M G E R E R I S L I V O R I S A B I C T V
I M M O R T A L E D E C V S N E C E I V S T I L A E T A P A R A S T I
V N A O M N E M V I T A M S I C C R U X T U A C A U S A R I G A U I T
I M B R E C R U E N T A P I O V E L I S D A S N A U I T A P O R T U M
T R I S T I A S U M M E R S O M U N D A S T I V U L N E R A C L A V O
A R B O R D U L C I S A G R I R O R A N S E C O R T I C E N E C T A R
R A M I S D E C U I U S V I T A L I A C H R I S M A T A F R A G R A N T
E X C E L L E N S C U L T U D I V A O R T U F U L G I D A F R U C T U
D E L I C I O S A C I B O E T P E R P O M A S U A U I S I N U M B R A
E N R E G I S M A G N I G E M M A N S ° ° E T N O B I L E S I G N U M
M U R U S E T A R M A V I R I S V I R T U S L V X A R A P R E C A T U
P A N D E B E N I G N E V I A M V I U A X E T F E R T I L E L U M E N
T U M M E M O R A D F E R O P E M N O B I S E G E R M I N E D A V I D
I N C R U C E R E F I X U S I U D E X C U M P R A E E R I T ° O R B I
```

wird im Hymnus *Vexilla regis* in ähnlich versteckter
Weise auch hinsichtlich der Zeitdimension zum Ausdruck gebracht, wenn jede der acht Strophen je einem
der Tage der Woche zugeordnet ist: Das Kreuz
umfängt den ganzen Kosmos in Raum und Zeit. Sein
Geheimnis ist von Ewigkeit her in Gott, dem Schöpfer
des Alls, verborgen (Eph 3,9) und enthüllt und vollzieht sich – hat seine *oikonomia* – in der Geschichte.
Das historische Kreuz Christi ist der Grund der Ver-
söhnung des Alls (Kol 1,20; vgl. Eph 2,15f.).[169]
Wie das Jahr als den ganzen Kosmos symbolisierende
Einheit durch die zwölf Tierkreiszeichen untergliedert
ist, so die Woche durch die Zuordnung der einzelnen

Wochentage zu den sieben Planeten. Die Reihenfolge ergibt sich dadurch, daß auch jede Stunde des Tages einem der Planeten zugeordnet ist – in der Reihenfolge ihrer Entfernung von der Erde. Da der Tag 24 Stunden hat, kommen alle Planeten dreimal, drei jedoch viermal zur Herrschaft. So kommt es im Wochenzyklus zu der uns geläufigen Reihenfolge der Tagesplaneten: Wenn am Sonntag die erste Tagesstunde unter der Herrschaft der Sonne steht, kommen Sonne, Venus und Merkur an diesem Tag ein viertes Mal zum Zuge, und der nächste Tag beginnt mit einer dem Mond zugeordneten Stunde; es ist der Montag (Mond-Tag).

Das Bewußtsein, daß jeder Tag im Wochenzyklus durch seine Unterstellung unter eine Planetengottheit seinen eigenen Charakter hat, war im Römischen Reich seit dem ersten vorchristlichen Jahrhundert ausgeprägt. Es gibt zahlreiche Zeugnisse antiker Wochentagskalender mit den Bildern der zugehörigen sieben Planetengottheiten, die dazu dienten, »gute« und »schlechte« Tage zu kennzeichnen.[170] Mit solchem Aberglauben hatte es die Kirche auch noch zur Zeit des VENANTIUS zu tun. In Predigten und auf Synoden wurde immer wieder dagegen Stellung genommen. Wegen seiner zeitlichen und räumlichen Nähe zu VENANTIUS sei beispielsweise Caesarius von Arles († 542) zitiert, der darüber klagt, daß es Leute gibt, »die dem Übel verfallen sind, sorgsam darauf zu achten, an welchem Tag sie eine Reise antreten, so die Ehre erweisend der Sonne, dem Mond, dem Mars, dem Merkur, dem Jupiter, der Venus oder dem Saturn«.[171] Von solchem Aberglauben zu unterscheiden ist das Gespür für den Rhythmus der Woche und die Eigenprägung der einzelnen Wochentage, die in deren Namen zum Ausdruck kommt. Klemens von

Alexandrien schreibt (mit Bezug auf Platon, Über den Staat X): »Unter den ›sieben Tagen‹ ist die Bewegung der sieben (Planeten) zu verstehen sowie jegliche Art tätiger Bemühung, die das Ziel der Ruhe erstrebt. Die Reise jedoch, die über die Wandelsterne hinausgeht, führt zum Himmel, das heißt zur achten Bewegung und zum ›achten Tag‹.«[172]

Bei einem christlichen Dichter wie VENANTIUS ist damit zu rechnen, daß die geschichtliche Bindung des Kreuzmysteriums – des Gedächtnisses von Tod, Grabesruhe und Auferstehung Christi – an bestimmte Wochentage für die Charakterisierung dieser Tage ihre Auswirkungen hat.

Daß im Hymnus *Vexilla regis* die 1. Strophe ein sonnengleiches Aufstrahlen des Kreuzmysteriums zum Ausdruck bringt, ist nicht zu übersehen. Der Sonntag ist nach altchristlichem Verständnis jedoch nicht nur der erste, sondern auch der achte Tag der Woche: »der Anfang einer neuen Welt ..., da Christus auferstand von den Toten«.[173] »Aus apostolischer Überlieferung ... feiert die Kirche Christi das Pascha-Mysterium jeweils am achten Tag.«[174] Dem entspricht die achte Strophe unseres Hymnus.

Mikrokosmische Entsprechung zum Mond ist im Menschen eine tiefe seelische Beeindruckbarkeit – ein »Herz so weich wie Wachs«[175] –, die sich in Hingabe umsetzt und aus der in der Hingabe gestaltende Kraft erwächst. Dem entspricht es, wenn in der 2. Strophe der Gekreuzigte als »durchbohrt ... bis ins Mark« dargestellt wird.[176] Die hier mit »Mark« übersetzten *viscera* sind eigentlich die Eingeweide (vgl. Apg 1,18). Sie sind aber auch der Sitz der »Barmherzigkeit« (Lk 1,78). So ist in unserem Hymnus mitzuhören, daß die Annagelung ans Kreuz den »Bildner des Fleisches«

bis ins Innerste, ja gerade in Seiner barmherzigen Liebe trifft, mit der Er sich dem »Fleisch« zugewandt hat. Dennoch »spannt er die Händ' und Füße aus«. Der Gekreuzigte verwirklicht in sich die Gestalt des Kreuzes. Er stellt das Urbild des Menschen wieder her. In Ihm ist die sündige »Verkrümmung in sich selbst« aufgehoben.

Der Mars, der »rote« Planet, der nach dem römischen Kriegsgott benannt ist und von dem in den romanischen Sprachen der Dienstag bis heute seinen Namen hat, hat als Attribut u. a. eine Lanze und wird durch einen Kreis mit einem zur rechten Seite hin schräg nach oben stehenden Pfeil als »aggressiv« symbolisiert. Entsprechend ist die 3. Strophe von dem Bild der durch einen Lanzenstich dem Gekreuzigten zugefügten Wunde geprägt.

Der Gekreuzigte, der seine Hände und Füße ausspannt, der sich selbst als Opfer darbringt, aus dessen Seitenwunden Wasser und Blut[177] strömen: Darin sieht der Dichter die Erfüllung des Psalmwortes Davids, daß Gott seine Königsherrschaft angetreten hat – vom Kreuz aus. Dieses prophetische Wort Davids ist eine Botschaft für alle Völker. In der Reihenfolge der Tagesplaneten entspricht der 4. Strophe Merkur. Sein Attribut ist ein Helm oder Stab mit Flügeln, Ausdruck der durch Merkur symbolisierten Kombinations- und Kommunikationsfähigkeit. Die Botschaft, die er weitergibt, wird zum »geflügelten Wort«.

Jupiter, der Planet des Donnerstags, ist im Mythos der lichte Herrscher des Himmels. Sein besonderes Attribut ist der Blitz. Dem entspricht es, wenn in der 5. Strophe unseres Hymnus der Kreuzbaum als *fulgida* = »blitzend«, »leuchtend«, »strahlend« und mit königlichem Purpur geschmückt bezeichnet wird, dazu erwählt, gleichsam der königliche Thron zu sein. Der Freitag ist in der christlichen Tradition in besonderer Weise ein Tag der Verehrung des Heiligen Kreuzes. Dem Freitag ist der Planet Venus zugeordnet, das kosmische Symbol des Strebens nach der rechten Ordnung, nach Ausgleich und Harmonie. Die 6. Strophe unseres Hymnus fügt sich dieser Symbolik ein, wenn sie – grammatikalisch die 5. Strophe weiterführend – das Kreuz mit seinen beiden Armen als Waage darstellt[178], die den am Kreuze Hängenden als »Preis« für die Befreiung der Welt aus der Gefangenschaft der Hölle ausweist.

Saturn, der dem Samstag zugeordnete Planet, ist der letzte der (sichtbaren) Planeten. So gilt er als Symbol der Begrenzung, die allem irdischen Leben innewohnt, und zugleich der Erwartung des Durchbruchs neuen Lebens. Sein Zeichen ist das Kreuz über dem nach rechts geöffneten Halbkreis. Dieser ist Symbol der Abgrenzung und – wie beim abnehmenden Mond – des Sterbens, das hier, beim Saturn, in die Tiefe reicht. Wenn in der 7. Strophe des Hymnus das Kreuz als fruchtbar besungen wird, dann erinnert das in Verbindung mit diesem Zeichen an das Weizenkorn, das in die Erde fallen und sterben muß, um reiche Frucht zu bringen (Joh 12,24). In der christlichen Tradition ist mit dem Samstag das »Gedächtnis der Schöpfung«[179] verbunden, in der katholischen Kirche des Abendlandes auch das Gedächtnis der Gottesgebärerin Maria[180], jener Exponentin des Kosmos, aus der »des Fleisches Bildner« Fleisch angenommen hat. So steht der Samstag in der Erwartung des aufbrechenden Neuen, des am Sonntag zu feiernden Triumphes über den Tod.

Der Kreis ist als Zeichen der Sonne Symbol der Ganzheit und Fülle des Lebens, das in der 1. Strophe als

»Geheimnis des Kreuzes« und in der 8. Strophe als Folge des Sieges über den Tod besungen wird. Das Kreuz ist das Zeichen des Weges zu diesem Sieg. VENANTIUS zeigt in seinen Hymnen, daß dieses Kreuz hineinverwoben ist nicht nur in den ganzen Weltenraum, sondern auch in den kosmischen Rhythmus der Weltzeit. Das ist ein Ausdruck seiner gläubigen Gewißheit, daß die, wie es scheint, dem Tod verfallene Welt – das *saeculum,* in dem wir leben – von einem inneren Zusammenhalt getragen wird, in dem sich in aller Zerstörung des Lebens die erneuernde Kraft des göttlichen Lebens ankündigt und mit ihr das endzeitliche Heil. Denn Gott, »der wandelt über den Sternen«, hat durch das Geheimnis des Kreuzes Christi »die Tiefe besiegt und hält fest die Sterne in Händen«, wie VENANTIUS FORTUNATUS in seinem großen Ostergedicht sagt.[181] In seiner Auslegung des Apostolischen Glaubensbekenntnisses schreibt er: »Weil auch die Gestirne im Angesicht Gottes wegen der menschlichen Schuld nicht rein waren und die ganze Erde befleckt war, darum wurde Christus in der Luft aufgehängt, damit Er zugleich Erde und Sterne reinige … ; darum wurde Er am Kreuz aufgehängt, weil zwischen Himmel und Erde eine große Zwietracht *(discordia)* war, damit Er als Versöhner durch Seine Vermittlung das Ärgernis aufhebe. In der Luft wurde Er aufgehängt, damit aufgrund Seiner Stellung inmitten zwischen Himmel und Erde, zwischen Mensch und Gott, der Friede zurückkehre nach der Feindschaft.«[182]

Das Kreuz als Zeichen des Heils, das Raum und Zeit umfängt: Hier zeigt sich Sinn und Botschaft christlicher Astralmystik angesichts der heutigen Astronomie und insgesamt der heutigen Naturwissenschaft. Ihr erscheint das Universum, je tiefer sie darin eindringt, umso abstrakter, absurder, sinn- und ziellos, längst nicht mehr als dem Menschen vorgegebenes, ihm vertrautes Gehäuse. Der Mensch weiß vielmehr nun, schreibt Jacques Monod, »daß er seinen Platz wie ein Zigeuner am Rande des Universums hat, das für seine Musik taub ist und gleichgültig gegen seine Hoffnungen, Leiden und Verbrechen«.[183] Astrologie ist mit solcher Astronomie nicht vereinbar. Trotzdem gibt es viele geistig durchaus rege Menschen, die die naturwissenschaftliche Astronomie selbst keineswegs in Frage stellen und trotzdem der Astrologie aufgeschlossen gegenüber stehen, Menschen also, die in ihrem Leben das astronomische und das astrologische Weltbild miteinander verbinden. Sie können das womöglich logisch kaum begründen. Offenbar ist in ihnen vor allem eine Sehnsucht nach kosmischer Verortung wirksam. So sind sie auch offen für Naturerfahrungen, die dieser Sehnsucht entsprechen. Für sie gehört es ebenfalls zur Wirklichkeitserfahrung, daß die Sonne jeden Morgen aufgeht, daß Vollmondnächte eine besondere Qualität haben, daß im Tierkreiszeichen Löwe Geborene anders sind als im Zeichen Fische Geborene.

Es ist die uralte Spannung zwischen Logos und Mythos in bisher nicht dagewesener Antagonie. Sie ist heute zweifellos auch mit der Gefahr verbunden – vor der schon Paulus warnt –, in ein mythisches Weltbild

zu flüchten und so neu wieder Sklave der Elementarmächte zu werden (vgl. Gal 4,9). Astrologie, die auf
der Annahme eines anonymen Weltgeistes basiert,
mag durchaus offen sein für psychotherapeutische
Erfahrungen. Christlicher Glaube wird sich jedoch
darauf allein nicht einlassen wollen. Er lebt aus der
Gewißheit, auch im scheinbaren Chaos durch das
schöpferische Wort Gottes je an einen bestimmten
geschichtlichen Ort gestellt und dort von der Liebe
Christi umfangen zu sein, in ihr »verwurzelt und auf
sie gegründet«, wie es im Epheserbrief 3,17 heißt,
bevor dann im folgenden Vers (Eph 3,18) die »kosmische Formel« genannt wird für die Kreuzgestalt des
Kosmos, die es zu ermessen gilt. Das Kreuz Christi,
das von seiner geschichtlichen Mitte her Himmel und
Erde miteinander verbindet und die ganze Weite des
Kosmos umfängt, wird für die Gläubigen gleichsam
zum kosmischen Koordinatensystem, durch das jeder
Mensch seinen Ort hat in der Verbundenheit mit allen
Menschen aller Räume und Zeiten, mit der ganzen
Schöpfung, wie wir sie in ihrer Abgründigkeit erfah-
ren, wie sie im astralen Mythos zugleich als ein Konti-
nuum erfaßt wird. Christlichem Glauben wird beides
zum Lobpreis des wirkmächtigen Wortes und Geistes
Gottes in Seiner Schöpfung.

Anmerkungen

[1] Konstitution über die heilige Liturgie, 88.

[2] De imagine mundi I, 80.82: J.-P. Migne (Hg.), Patrologia Latina (im folgenden abgekürzt: PL) 172, 140.

[3] Der Tragödie erster Teil, V. 3347.

[4] W. Kaspar u. a. (Hgg.), Lexikon für Theologie und Kirche, 3. Aufl., 1. Bd., Freiburg u. a. 1993, 1111 f. bzw. 1109–1111.

[5] H. Rahner, Das christliche Mysterium von Sonne und Mond: ders., Griechische Mythen in christlicher Deutung, Neuausgabe Basel ²1985, 89–158; ders., Mysterium Lunae: ders., Symbole der Kirche. Die Ekklesiologie der Väter, Salzburg 1964, 91–173. Zur Person Hugo Rahners: K. Neufeld, Die Brüder Rahner. Eine Biographie, Freiburg 1994. Hugo Rahners Symboltheologie stellt besonders heraus: A. Rosenberg, Hugo Rahner: H. J. Schultz, Tendenzen der Theologie im 20. Jahrhundert. Eine Geschichte in Porträts, 447–453.

[6] Contra Celsum, V, 11: J.-P. Migne (Hg.), Patrologia Graeca (im folgenden abgekürzt: PG) 11,2297 A; deutsch: Bibliothek der Kirchenväter (BKV) 53, München 1927, 21.

[7] In Jeremiam Homilia X, 6: PG 13,364. Origenes bezieht sich hier auf Jer 12,6: Wie lange noch soll das Land vertrocknen (im Griechischen und Lateinischen: »trauern«) … wegen der Bosheit seiner Bewohner?

[8] Textkritische deutsche Ausgabe des Äthiopischen Henochbuches: S. Uhlig, Jüdische Schriften aus hellenistisch-römischer Zeit V/6, Gütersloh 1984; »Das Buch von der Bewegung der Himmelslichter« sind die Kapitel 72–82.

[9] A. Rosenberg, Engel und Dämonen, München ²1986, 47.

[10] Vgl. Ch. Münchow, Ethik und Eschatologie. Ein Beitrag zum Verständnis der frühjüdischen Apokalyptik, Berlin (DDR) 1981.

[11] Siehe bes. De principiis I,7: PG 11,170–176. Deutsche Ausgabe der »Vier Bücher von den Prinzipien«: H. Görgemanns/H. Karpp, Darmstadt 21992.

[12] In Genesim 13: PG 12,84 B.

[13] In Genesim Homilia I,7: PG 12,151 B.

[14] E. von der Hellen u. a. (Hgg.), Goethes sämtliche Werke, Stuttgart/Berlin 1902–1912, V, 59.

[15] Hierzu vgl. G. Voss, Astrologie christlich, Regensburg ³1996.

[16] 55. Brief (an Januarius), 6,11: PL 33,210; deutsch: BVK 29, Kempten 1917, 228.

[17] Vgl. auch den Abschnitt III. Biblische und frühjüdische Einstellun-

gen zu den Astralphänomenen (von Otto Böcher) im Artikel Astrologie: Theologische Realenzyklopädie (TRE), 4. Bd., Berlin 1979, 277–315, hier 299–308.

[18] Der lateinische Text nach: C. Blume, Unsere liturgischen Lieder, Regensburg 1932, 170 (= Analecta Hymnica Medii Aevi 51,36).

[19] Hexaemeron IV,2: PL 14,202; deutsch: BKV 17, Kempten 1914, 133.

[20] F. J. Dölger, Lumen Christi: ders., Antike und Christentum V, Münster 1936, 1–43, hier 10. Daß Lucifer mit dem Teufel als gefallenem Engel identifiziert wird, geht auf Jesaja 14, 12–15 zurück.

[21] Ebd. IV,31: a.a.O. 216 f.; deutsch: a.a.O. 160 f.

[22] Ebd. IV,32: a.a.O. 217 f.; deutsch: a.a.O. 161 f.

[23] Liber Anatholi de ratione paschali 2: A. Strobel, Texte zur Geschichte des frühchristlichen Osterkalenders, Münster 1984, 3.

[24] Osterhomilie 9,2: PG 77, 581.

[25] Arnold Bittlinger hat in seinem neuen Buch: Das Geheimnis der christlichen Feste. Astrologische und tiefenpsychologische Zugänge, München 1995, darauf aufmerksam gemacht, daß in den Kapiteln 11–16 des Markusevangeliums die Ereignisse vom Einzug Jesu in Jerusalem bis zur Auferstehung Jesu in einem Ablauf deutlich von einander abgegrenzter Tage erzählt werden (vgl. Mk 11,11.12.19.20; 14,1.12.17; 15,1.42; 16,2.), der der liturgischen Feier der Karwoche (vom Palmsonntag bis zum Ostersonntag) entspricht. Dabei fiel Bittlinger auf – was freilich noch der Verdeutlichung bedarf –, »daß diese Ereignisse in Beziehung zur symbolischen Bedeutung der betreffenden Tages-Planeten stehen« (a.a.O., 135). Aus tiefenpsychologischer Sicht wird ihm damit die Karwoche zu einem Weg: »Sie ist der Weg, den Jesus gegangen ist und den wir alle gehen. Die einzelnen Tage der Karwoche sind Stationen auf diesem Weg – sie haben eine symbolische Bedeutung« (a.a.O., 134). »Die Karwoche ist Urbild *jeder* Woche« (a.a.O., 170).

[26] Dialoge II,8,10: PL 66, 152; deutsch: E. Jungclaussen (Hg.), Benedictus. Eine Bild-Biographie. Nach dem zweiten Buch der Dialoge Gregors des Großen, Regensburg 1980, 68.

[27] De temporibus IV: PL 90, 281.

[28] H. Auf der Maur, Feiern im Rhythmus der Zeit I. Herrenfeste in Woche und Jahr: H. B. Meyer u. a. (Hgg.), Gottesdienst der Kirche. Handbuch der Liturgiewissenschaft, Teil 5, Regensburg 1983, 212. Vgl. auch die Kapitel »Der bürgerliche Kalender« und »Der kirchliche Kalender« in: O. Wimmer – H. Melzer, Lexikon der Namen und Heiligen, Innsbruck u. a. [4]1982, 26–105. Hier heißt es: »Es ist bezeichnend, daß ein Unterschied zwischen einem ›profanen‹ und einem ›kirchlichen‹ Jahr erst gegen Ende des 16. Jh.s ins Bewußtsein trat, nämlich erstmals in der ›Sonn- und Festtags-Evangelien-Postill‹ des evangelischen Pfarrers Johann Pomarius (Baumgart) (Wittenberg 1589). Umgekehrt wäre unser ›bürgerlicher‹ Kalender in seiner heutigen Gestalt ohne eine religiös-kirchliche Absicht, nämlich die Reform der Osterfestrechnung unter Gregor XIII. (1582) nicht verständlich.« Bis zur Erneuerung des Stundengebetes nach dem

II. Vatikanischen Konzil gab es im kirchlichen Stundenbuch (Breviarium) eine ausführliche Einleitung in die Kalenderberechnung.

[29] Sermo XXVII,4: PL 54,218; deutsch: Th. Steeger, BKV 54, München 1927, 119.

[30] De temporum ratione XXX: PL 90,429 A. Auch wenn man – wie August Strobel – »in den heidnischen Festen nicht den *primären* Anstoß zur Feier des Geburtsfestes Christi« meint sehen zu können, wird man »für die Ausgestaltung eines christlichen Geburts*festes* ... das antithetische Moment als Faktor sehr wohl in Rechnung stellen«: A. Strobel, Jahrespunkt-Spekulation und frühchristliches Festjahr. Ein kritischer Bericht zur Frage des Ursprungs des Weihnachtsfestes: Theologische Literaturzeitung 87 (1962), 183–194, hier 193.

[31] H. Auf der Maur, a.a.O. (Anm. 28), 156.

[32] Griechische Mythen in christlicher Deutung, a.a.O. (Anm. 5), 127–129.

[33] Vgl. H. Sasse, Art. *aion*: Theologisches Wörterbuch zum Neuen Testament I, Stuttgart 1933, 197–208, bes. 197 f.

[34] Briefliche Mitteilung von Prof. Felix Schneider, München, vom 9. 5. 1995. Perihel ist in unserem heutigen Kalender am 4./5. Januar.

[35] Das ist wohl der geschichtliche Grund dafür, daß seit dem Mittelalter am 11. November das Karnevals-/Faschingsritual beginnt, das vor der österlichen Bußzeit seinen Höhepunkt und zugleich seinen Abschluß findet. Unabhängig davon – wenn auch durch den »glücklichen Zufall« dieses Datums (11. 11.) unterstrichen – ist die Zahl 11 die Zahl der Narren: Sie symbolisiert die Übertretung der in die 10 Gebote gefaßten göttlichen Ordnung. Beda Venerabilis schreibt (in seiner Auslegung der Apostelgeschichte zu Apg 1,15 ff.): »Alle Sünde ist nämlich elf; denn wenn jemand verkehrt handelt, überschreitet er die Gebote des Dekalogs« (PL 92,943 D). Vgl. das Kapitel über die Elf als Narrenzahl in: D. R. Moser, Fastnacht–Fasching–Karneval. Das Fest der »Verkehrten Welt«, Graz u. a. 1986, 165–179.

[36] Vgl. unten den Abschnitt: »Die 9. Stufe der Demut – im Zeichen ›Schütze‹«.

[37] Homilia XIV (zum Fest der Geburt Johannes des Täufers): PL 94,211.

[38] Vgl. R. Schnackenburg, Das Johannesevangelium, I. Teil, Freiburg u. a. 1965, 454 f.

[39] Vgl. unten den Abschnitt: »Die 4. Stufe der Demut – im Zeichen ›Krebs‹«.

[40] Mündliche Informationen von Seàn O Duinn OSB, Glenstal Abbey.

[41] Vgl. A. Rosenberg, a.a.O. (Anm. 9), 92–107.

[42] A. Brückner, Art. Michaelsverehrung: TRE, 22. Bd., Berlin u. a. 1992, 717–724, hier 221 f.

[43] O. Wimmer – H. Melzer, Lexikon der Namen und Heiligen, a.a.O. (Anm. 28), 586–589 (Art. Michael, Erzengel).

[44] H. Auf der Maur, a.a.O. (Anm. 28), 192.

[45] Z. B. von Dionysius Exiguus († um 550): Argumenta Paschalia 15:

PL 67, 506. Auf Dionysius geht die Zählung der Jahre »nach Christi Geburt« zurück.

[46] Vgl. A. Strobel, Ursprung und Geschichte des frühchristlichen Osterkalenders, Berlin 1977, 370–372.

[47] Dazu noch die Offenbarung Gottes an Abraham bei seiner Opferung Isaaks. Dem entsprechen bis heute die biblischen Lesungen in der römischen Osternacht: Gen 1,1–2,2; Gen 22,1–18; Ex 14,15–15,1; die Erwartung des Messias wird abgewandelt durch die Lesungen eschatologischer Verheißung: Jes 54,5–14; 55,1–11.

[48] Von da her kommt es auch zu der Vorstellung, daß Jesus Christus am 28. März geboren wurde: in Entsprechung zum vierten Tag der Schöpfungswoche, an dem Gott die Lichter am Himmelsgewölbe schuf, »damit sie über die Erde hin leuchten, über Tag und Nacht herrschen und das Licht von der Finsternis scheiden« (Gen 1,14–19).

[49] Vgl. hierzu insgesamt G. Voss, Dich als Mutter zeige. Maria in der Feier des Kirchenjahres, Freiburg u. a. 1991, 44–49.

[50] R. Eckstein, Die Ostung unserer mittelalterlichen Kirchen bis zur Reformation Luthers (Versuch einer Deutung), St. Ottilien 1990, 9. Für Österreich vgl. die Arbeiten von M. G. Firneis u. a.: Studien zur Orientierung mittelalterlicher Kirchen: Mitteilungen der Österr. Arbeitsgemeinschaft für Ur– und Frühgeschichte 28 (1978), 1–14; Zur astronomischen Orientierung der »Virgil«-Kapelle (Wien): Anzeiger der phil.-hist. Klasse der Österr. Akademie der Wissenschaften 118 (1981), 240–254; Untersuchungen zur astronomischen Orientierung der Kirchen von Unterfrauenhaid und Pilgersdorf (Burgenland): Sitzungsberichte der math.-nat. Klasse der Österr. Akademie der Wissenschaften 191 (1982), 479–494; Untersuchungen zur astronomischen Orientierung des Domes von St. Stephan/ Wien: ebd. 193 (1984), 549–556; Further studies on the astronomical orientation of Medieval churches in Austria: A. F. Aveni (Hg.), World archaeoastronomy, Cambridge University Press 1989, 430–435. Für Tschechien: Ch. Köberl, On the Astronomical Orientation of St. Vitus' Cathedral and St. George's Church in the Castle of Prague: Bulletin of the Astronomical Institutes of Czechoslovakia 35 (1984), 216–219.

[51] Auf die kalendarischen Probleme ist hier nicht einzugehen. Auch der Gregorianische Kalender bestimmt den Ostervollmond nicht astronomisch, sondern zyklisch. Er geht dabei von einem gedachten Mond aus, der auf einer Kreisbahn mit gleichförmiger Geschwindigkeit um die Erde rotiert. Infolgedessen gibt es gelegentlich kalendarische Osterdaten, die den astronomischen Gegebenheiten nicht entsprechen, sogenannte »paradoxe« Ostern. Vgl. O. Wimmer – H. Melzer, a.a.O. (Anm. 28), 42.

[52] So in einem Brief des Patriarchen Kyrill von Alexandrien († 444) an Papst Leo I. über die Osterfestberechnung: PL 54, 604; deutsch: S. Wenzlowsky, Die Briefe der Päpste und die an sie gerichteten Schreiben IV: BKV, Kempten 1878, 27.

[53] Papst Leo I. († 461), 121. Brief (an Kaiser Marcian): PL 54, 1057 B, deutsch: S. Wenzlowsky, Die Briefe der Päpste V: BKV, Kempten 1878, 210.

[54] Vgl. unten den Abschnitt »Die 1. Stufe der Demut – im Zeichen ›Widder‹«. Für das Folgende vgl. ebenfalls die entsprechenden Abschnitte im II. Kapitel dieses Buches.

[55] H. Rahner, Griechische Mythen in christlicher Deutung, a.a.O. (Anm. 5), 106.

[56] Vgl. unten den Abschnitt »Die 1. Antiphon (O sapientia) – in Entsprechung zum Saturn«.

[57] Vgl. unten den Abschnitt »Die 8. Stufe der Demut – im Zeichen ›Skorpion‹«.

[58] Die Benediktusregel lateinisch / deutsch, hg. im Auftrag der Salzburger Äbtekonferenz, Beuron 1992. Im folgenden wird Benediktusregel mit RB (= Regula Benedicti) abgekürzt. Bei Verweisen auf Stellen aus dem 7. Kapitel wird im Text nur die Verszahl (in Klammern) angegeben; sonst werden Kapitel und Vers angegeben. Daß das 7. Kapitel zu jenen Textpassagen gehört, die der Verfasser der RB – gekürzt und an einigen Stellen leicht modifiziert – aus der Regel des namentlich nicht bekannten sog. »Magisters« übernommen hat, kann hier außer acht bleiben. In der lateinisch / deutschen Ausgabe der Benediktusregel von B. Steidle (Beuron ²1975) sind Einfügungen Benediktus durch den Druck hervorgehoben.

[59] Ich habe das dargestellt zunächst in: G. Voss, Der Weg zum Leben nach der Regel des heiligen Benedikt: G. Braulik (Hg.), Herausforderung der Mönche, Wien 1979, 41–64; überarbeitet dann in: G. Voss, Aufstieg zum Ursprung: M. Langer/A. Bilgri (Hgg.), Weite des Herzens. Weite des Lebens, Regensburg 1989, I. Bd., 183–191.

[60] H. Hesse, Das Glasperlenspiel, Berlin / Frankfurt a. M. / Zürich 1957 (1943). Die Ausdrücke »Musik des Weltalls« und »Musik der Meister« dort 487.

[61] Das mit »Elementarmächten« übersetzte griechische Wort »stoicheia« (Gal 4,3.9; auch Kol 2,8.20) schließt in seinem Bedeutungsgehalt auch die Gestirne mit ein und kann insbesondere die zwölf Tierkreiszeichen bezeichnen. Vgl. H. Stephanus, Thesaurus Graecae Linguae, 1572/1829 = Graz 1954, Vol. VIII, 790; W. Bauer/K. u. B. Aland, Griechisch-deutsches Wörterbuch NT, Berlin ⁶1988, 1535.

[62] K. Esser/E. Grau, Die Opuscula des hl. Franziskus von Assisi, Grottaferrata ²1989, 117.

[63] Dane Rudhyar wurde 1895 als Daniel Chennevière in Paris geboren. Anläßlich seines 100. Geburtstages wurde er von Claude Weiss als einer der Pioniere heutiger, Erfahrungen Jungscher Psychologie aufgreifender Astrologie dargestellt in: ASTROLOGIE HEUTE, Nr. 53 (= Februar/März 1995), 6–8.

[64] Deutsch: Dane Rudhyar, Die zwölf kosmischen Gaben, München ²1993. Dieses Bändchen bildet zusammen mit zwei weiteren (»Die

zwölf kosmischen Prüfungen« und »Die zehn kosmischen Chancen«) ein »Triptychon«, das im Amerikanischen unter dem Titel »An Astrological Tryptich« zunächst 1968 und dann in einer revidierten Fassung 1978 in Santa Fe erschienen ist.

[65] A.a.O., 33 f.
[66] A.a.O., 46.
[67] A.a.O., 37.
[68] A.a.O., 55 f.
[69] A.a.O., 59 f.
[70] A.a.O., 62 f.
[71] A.a.O., 66–69.
[72] Vgl. R. Schnackenburg, a.a.O. (Anm. 38).
[73] TRE (vgl. Anm. 17), 8. Bd., Berlin 1981, 486.
[74] R. Guardini, Berichte über mein Leben, Düsseldorf 1984, 77.
[75] D. Rudhyar, a.a.O., 78.
[76] Ebd. 77.
[77] E. Jungclaussen, Schritte in die innere Welt, Freiburg 1991, 169.
[78] M. Görg, Richter: Die Neue Echter Bibel. Kommentar zum AT, Lfg. 31, 75.
[79] A. Sallinger/O. Böcher, Art. Honig: Reallexikon für Antike und Christentum (RAC), 16. Bd., Stuttgart 1994, 433–473.
[80] R. Moore/D. Gillette, König, Krieger, Magier, Liebhaber. Die Stärken des Mannes, München 1992, 60 f. und 64.
[81] A.a.O., 80.
[82] B. L. van der Waerden, History of the Zodiac: Archiv für Orientforschung XVI = 1952/53, 216–230, hier 226.
[83] D. Rudhyar, a.a.O., 87 f.
[84] Ebd., 89.
[85] Satzungen der Bayerischen Benediktiner-Kongregation, Spiritueller Teil, Metten 1989, 30, Nr. 68.
[86] Im Deutschen ist »Waage« abgeleitet von »wägen« und somit sprachlich verwandt mit wagen, bewegen, Weg, Woge, Wiege, Wucht, Gewicht: H. Paul, Deutsches Wörterbuch, Tübingen ⁵1966, 772 (Art. wägen).
[87] D. Rudhyar, a.a.O., 93.
[88] M. Buber, Ich und Du: Werke I, München/Heidelberg 1962, 77–170, hier 97.
[89] So die von der Salzburger Äbtekonferenz herausgegebene Übersetzung der RB, ähnlich Steidle und Holzherr. – Diese Übersetzung legt sich nahe, wenn man an das Zitat aus Lukas 18,14 im 1. Vers des Demutkapitels denkt: »Wer sich selbst erhöht, wird erniedrigt …«. Doch heißt es da mit einer Aktivform: »Qui se exaltat …«. In Vers 3 folgt dann aus Psalm 131,1: »Non est exaltatum cor meum« und parallel dazu: »Neque elati sunt oculi mei«: »Mein Herz ist nicht erhöht; nicht erhoben sind meine Augen.« In der Übersetzung des Verses 16 von Psalm 88 von Athanasius Miller aus dem Lateinischen im Stundenbuch der Erzabtei Beuron – also außerhalb des Kontextes des Demutkapitels – ist »exaltatus« mit »im Alter« wiedergege-

ben – also: »hoch in die Jahre gekommen – humiliatus sum: bin ich tief gebeugt ...«.

[90] In der Einführung zu: E. Jungclaussen (Hg.), Benedictus (wie Anm. 26), 23.

[91] M. Lemmel, Poetologie in Goethes West-Östlichem Divan, Heidelberg 1987, 175.

[92] D. Rudhyar, a.a.O., 102–106.

[93] Ebd. 107 f.

[94] A. de Saint-Exupéry, Der kleine Prinz (übers. von G. u. J. Leitgeb), Kap. XXI, TB-Ausgabe Düsseldorf 1958, 51.

[95] Satzungen (wie Anm. 85), 12 f., Nr. 11.

[96] Num 24,2-7.15-17a ist Lesungstext in der Eucharistie am Montag der 3. Adventswoche (sofern dieser nicht auf den 17. Dezember fällt).

[97] Traditionsgeschichtlich ist dieser Abschnitt wohl ein Einschub aus einer anderen Version der Bileamgeschichte: Martin Noth, Das vierte Buch Mose (ATD 7), Göttingen 1966, 157.

[98] De gradibus humilitatis et superbiae tractatus, c. XIII: PL 182, 940–972, hier 964.

[99] D. Rudhyar, a.a.O., 116.

[100] Ebd., 116 f.

[101] Ebd.

[102] B. L. van der Waerden, History of the Zodiak (wie Anm. 82), 226 f.; H. G. Gundel, Zodiakos. Der Tierkreis in der antiken Literatur und Kunst, München 1972 (Sonderdruck aus Pauly's Realencyclopädie der classischen Altertumswissenschaft, Bd. X A), 461–710, hier 474.695 f.

[103] Vgl. oben, S. 25 und Anm. 34.

[104] D. Rudhyar, a.a.O., 126 f.

[105] Ebd., 127.

[106] Ebd., 129–131.

[107] Vgl. die Lateinisch-deutschen Wörterbücher von F. A. Heinichen (Leipzig ²1870, 779) und K. E. Georges (II. Bd., Leipzig ⁷1880, 2282 f.).

[108] A.a.O. (vgl. Anm. 98), c.XII: PL 182, 963.

[109] F. Weinreb, Die Astrologie in der jüdischen Mystik, München 1982, 58; vgl. auch J. J. Petuchowski, Feiertage des Herrn, Freiburg 1984, 58 f.

[110] Vgl. O. Casel, Ein orientalisches Kultwort in abendländischer Umschmelzung: Jahrbuch für Liturgiewissenschaft 11 (1931), 1–19.

[111] F. Weinreb, a.a.O., 19–24.

[112] Vgl. G. Voss, Kosmische Bildwirklichkeit in der neutestamentlichen Verkündigung. Ein Versuch zu Joh 1-2: Una Sancta 32 (1977), 13–38. In Unkenntnis der jüdischen astrologischen Tradition habe ich dort (24) Philippus dem Luft-Zeichen Zwillinge zugeordnet.

[113] D. Rudhyar, a.a.O., 140.

[114] Max Seckler, Aufklärung und Offenbarung, in: Franz Böckle u. a.

(Hg.), Christlicher Glaube in moderner Gesellschaft, Teilband 21, Freiburg 1980, 5–78, hier 73.

[115] D. Rudhyar, a.a.O., 143 f.

[116] Ebd., 144.

[117] Ebd., 146 f.

[118] Von Benedikt sagt Papst Gregor I. im II. Buch (Nr. 3) seiner »Dialoge« (PL 66, 136 B. 138 A), daß er »an die Stätte seiner geliebten Einsamkeit zurückkehrte und bei sich wohnte *(habitavit secum)* unter den Augen des allsehenden Gottes«.

[119] Th. Mann, Bekenntnisse des Hochstaplers Felix Krull. Der Memoiren erster Teil. Stockholmer Gesamtausgabe, 259 (Das Wort *Vertauschbarkeit* ist hier durch Kursivdruck hervorgehoben).

[120] Ebd., 266.

[121] Vgl. H. Hutmacher, Symbolik der biblischen Zahlen und Zeichen, Paderborn usw. 1993, 202.

[122] Ebd., 7.

[123] In einer früheren Darstellung der O-Antiphonen in ihrer Entsprechung zu den Planeten, die ich gemeinsam mit Gregor Baumhof vorgelegt habe, ist dieser ausführlich auf die Melodie eingegangen: G. Voss OSB/G. Baumhof OSB, Ein Lied vom Seufzen der ganzen Schöpfung – Die O-Antiphonen der römischen Adventsliturgie, in: Musica Sacra 105 (1985), 423–434.

[124] Vgl. A. Baumstark, Art. Advent: RAC, 1. Bd. (1950), 112–125, hier 116–118.

[125] Vgl. V. E. Fiala, Eine Sonderform der O-Antiphonen, in: Archiv für Liturgiewissenschaft XII (1970), 261–267.

[126] PL 78, 732 f.

[127] Textlich ist sie zum Teil identisch mit der 2. Antiphon der Weihnachtslaudes *(Genuit puerpera regem)*, die sich ihrerseits in ihrer Art von den anderen Antiphonen dieser Hore unterscheidet und – vom Anfang abgesehen – melodisch in der Weise der O-Antiphonen gesetzt ist.

[128] PL 105, 1265–1269.

[129] Mündlicher Hinweis von Stadtdechant Joop Bergsma, Hannover.

[130] PL 172, 115–188.

[131] F. Boll/C. Bezold/W. Gundel, Sternglaube und Sterndeutung, Stuttgart 1966 = Leipzig ⁴1931, 119. – Das diese Sigel »auf das Altertum« zurückgehen, muß ja nicht schon bedeuten, daß sie »aus den Geheimnissen einer Urzeit« stammen. Mit scheint jedenfalls fraglich, ob es überzeugender ist, wenn W. und H. Gundel den »mystischen Auslegungen früherer Jahrhunderte« als »zur Verfügung« stehende »Möglichkeiten« einer Erklärung entgegenstellen, daß die Planetensymbole zum einen aus Stilisierungen der Attribute der Planetengottheiten (Schlagenstab für Merkur, Spiegel für Venus) und zum anderen »aus Abkürzungen der kursiv geschriebenen griechischen Eigennamen« (das Saturnzeichen aus Ks für Kronos, das Jupiterzeichen aus Z für Zeus) hervorgegangen seien: Art. Planeten

bei Griechen und Römern: Paulys Realencyclopädie der classischen Altertumswissenschaft, Band XX/2, Stuttgart 1950, 2017–2185, hier 2034f. Immerhin müßte z.B. auch erklärt werden, woher in den Symbolen sowohl für Merkur und Venus als auch für Saturn und Jupiter das Kreuz kommt, das sich übereinstimmend in allen Darstellungen dieser Symbole findet.

132 Nizami, Die sieben Geschichten der sieben Prinzessinnen. Aus dem Persischen verdeutscht und hg. von R. Gelpke, Zürich 1959. Diese sieben Prinzessinengeschichten sind das Kernstück von Nizamis Epos »Die Sieben Bilder« (Heft Peiker). Nizami lebte von 1141 bis 1202/03.

133 A.a.O., 287.

134 Sie sind abgebildet in: U. Becker, Lexikon der Astrologie, Freiburg usw. 1981, zwischen den Seiten 80 und 81.

135 Wiedergegeben in: A. Schneckenburger-Broschek, Die altdeutsche Malerei, Staatliche Kunstsammlungen Kassel, Kassel 1982, 48–53; 67–68; 96–99; auch in J. Teichmann, Wandel des Weltbildes, Darmstadt 1983, 204f.; 263.

136 D. Rudhayr, Die zehn kosmischen Chancen, München ²1993; im amerikanischen Original einer der drei Teile aus: An Astrological Tryptich, Santa Fe 1978 (Vgl. Anm. 64).

137 a.a.O., 120.

138 Nizami, a.a.O. (Anm. 81), 50.

139 D. Rudhayr, a.a.O., 107ff.

140 Nizami, a.a.O., 247.

141 D. Rudhyar, a.a.O., 90f.

142 Nizami, a.a.O., 140.

143 Ebd., 144.

144 Ebd., 148.

145 In Numeri 24,17 steht im lateinischen Text nicht *sceptrum*, sondern *virga*.

146 Nizami, a.a.O., 91f.

147 Ebd., 278f.

148 D. Rudhyar, a.a.O., 78.

149 Ebd., 58f.

150 Die Zitate bei Nizami, a.a.O., 197; 205; 190; 207.

151 Hexaemeron IV,7,29 und IV,8,32: J. P. Migne, PL 14, 216 bzw. 217.

152 Die Zitate bei Nizami, a.a.O., 96; 98; 100f.; 122–124.

153 D. Rudhyar, a.a.O., 47. Rudhyar geht in der Reihenfolge der Planeten den umgekehrten Weg, mit dem Mond beginnend. Ziel ist bei ihm die Sonne. Ihr widmet er unter den Planeten kein eigenes Kapitel. Das zumindest entspricht nicht der Tradition.

154 Zu beiden Hymnen vgl. G. Voss, Der Lobpreis des Kreuzes Christi in der Liturgie der katholischen Kirche. Die Kreuzhymnen des Venantius Fortunatus: Una Sancta 47 (1992), 90–114.

155 M. Schuster, Art. Venantius Fortunatus: Paulys Realencyclopädie der classischen Alterumswissenschaft (Neubearbeitung von G. Wis-

sowa usw.), 2. Reihe, 15. Halbband, München 1955, 677–695, bes. 692f.

[156] Miscellanea XI,1: PL 88, 345–351.

[157] Commentarius in Symbolum Apostolorum: PL 21, 335–386.

[158] Siehe W. Bulst, Hymni Latini antiquissimi LXXV 1 – Psalmi III, Heidelberg 1956, 129. So auch schon PL 88,96 und Analecta Hymnica Medii Aevi 50,74. Ihr Herausgeber C. Blume hielt später jedoch bezüglich der 7. und 8. Strophe die liturgische Tradition für ursprünglicher: C. Blume, Unsere liturgischen Lieder, Regensburg 1932, 192f.

[159] Das neue römische (lateinische) Stundenbuch hat eine Mischform: Hier wurde aus der Originalfassung nicht nur die 2. Strophe weggelassen, sondern auch die 4. Strophe, weil die ihr zugrundeliegende Erweiterung von Ps 96(95),10 (vgl. Anm. 160) heute nicht mehr vertretbar sei (so der für die neue Zusammenstellung Verantwortliche: A. Lentini, Te decet Hymnus, Vatikan 1984, 104). Nach der 6. Strophe (= 4. Strophe in der neuen Mischform) folgt zunächst die 8. Strophe der Originalfassung, dann die beiden späteren Strophen der liturgischen Fassung: die Strophe O *crux* und mit willkürlichen Abänderungen die Schlußstrophe.

[160] Der Zusatz »vom Kreuz« *(a ligno)* als eine christlichem Verständnis entsprechende Präzisierung der Aussage des zitierten Psalmverses Ps 95,10 ist nicht eine Erfindung des Dichters. Er war vielmehr in frühchristlicher Zeit so sehr verbreitet, daß beispielsweise Justin der Meinung sein konnte, die Juden hätten ihn aus ihrer Bibel entfernt (Dial. 73,1: PG 6, 646). In griechischen Bibelhandschriften und überhaupt im griechischen Schrifttum findet sich sonst kein Beleg für diesen Zusatz, wohl aber in einer Reihe lateinischer Bibelhandschriften.

[161] Vgl. H. Sasse Art. *aion*, a.a.O. (Anm. 33).

[162] J. Gnilka, Der Epheserbrief, Freiburg 1971, 188.

[163] A.a.O. (Anm. 156), 349.

[164] Z. B. Irenäus, Adv. Haereses 18,3 (PG 7 bis, 1174) und Epideixis 34 (BKV IV = 1912, 607); Gregor von Nyssa, Oratio Catechetica 32 (PG 45, 81); Oratio de resurrectione I (PG 46, 621ff.); Augustinus, Sermo 53,14f. (PL 38, 371); Sermo 165,2ff. (PL 38, 903ff.); In Joannis Evangelium 118,5 (PL 35, 1949f.).

[165] Acta apostolorum apocrypha II/1, Darmstadt 1959 = Leipzig 1898, 54f.

[166] Apologeticum 16: PL 1, 424.

[167] PG 18, 400.

[168] Miscellanea II,4; PL 88, 91. Einen ähnlichen akrostichischen Kreuzhymnus Alkuins († 804) behandelt H. B. Meyer: Crux, decus es mundi. Alkuins Kreuz- und Osterfrömmigkeit: B. Fischer/J. Wagner (Hgg.), Paschatis sollemnia, Freiburg 1959, 96–107.

[169] Das in griechischen Text hier gebrauchte Wort für versöhnen – *apokatalassein* – meint ein Sich-Aussöhnen nicht durch Sühneleistung, sondern als Befriedung, als Überwindung von Feindschaft.

[170] Vgl. F. J. Dölger, Die Planetenwoche der griechisch-römischen Antike und der christliche Sonntag: ders., Antike und Christentum VI, Münster 1950, 202–238, dazu Tafeln 4–7.

[171] Sermo CXXX (De Calendis Januariis, II), 4: PL 39,2004.

[172] Stromata V,14: PG 9,161.

[173] Barnabasbrief, Kap. 15: PG 2,772. Ähnlich Justin, Dial. 41: PG 6,565. Vgl. W. Rordorf, Sabbat und Sonntag in der Alten Kirche: Traditio Christiana. Texte und Kommentare zur patristischen Theologie, Bd. II, Zürich 1972, 16.82.

[174] Konstitution des II. Vatikanischen Konzils über die heilige Liturgie, 106.

[175] So über den »liebenswerten und frommen« Bischr in der Geschichte, die »die maurische Prinzessin am Montag in der grünen Mondkuppel erzählte«: Nizami, Die sieben Geschichten der sieben Prinzessinnen, a.a.O. (Anm. 132), 96.

[176] *Confixa viscera* ist grammatikalisch ein absoluter Akkusativ.

[177] Die Reihenfolge Wasser–Blut entspricht nicht der Aussage von Joh 19,34 über die Seitenwunde Jesu, wohl aber einer Lesart der biblischen Passionsgeschichte, die sich in einer Reihe bedeutender Bibelhandschriften (der sog. ägyptischen Textform) aus dem 4. und 5. Jahrhundert findet. Hier ist Joh 19,34 auch ins Matthäusevangelium eingefügt, und zwar zwischen Mt 27,49 und Mt 27,50 in folgender dem Kontext angepaßten Abänderung: »Ein anderer nahm eine Lanze und stieß sie in seine Seite, und es floß Wasser und Blut heraus.« Der Lanzenstich trifft nach dieser Lesart nicht – wie im Johannesevangelium – den schon Verstorbenen, sondern den noch Lebenden und fügt ihm die Verwundung zu, die dann unmittelbar zum Tode führt. Daß Venantius von der »Verwundung« durch den Lanzenstich spricht, ist – trotz des *insuper* = »zudem« – ein weiterer Hinweis dafür, daß auch er dieser Vorstellung folgt. Sie findet sich in vielen frühen Bildern der Kreuzigung, wenn der Gekreuzigte mit offenen Augen dargestellt wird, am Kreuz mehr stehend als hängend, so daß in seinem Sterben zugleich die Souveränität des erhöhten Herrn aufscheint, der selber die Ströme seiner Gnade erschließt. Ein bedeutendes Beispiel findet sich im syrischen Rabulasevangeliar aus dem 6. Jh. (heute in der Bibliotheca Laurentiana, Florenz, Plut. I 56). Vgl. auch A. Grillmeister, Der Logos am Kreuz, München 1956.

[178] Venantius bringt dieses sonst ungewöhnliche Bild ausführlicher in seiner Auslegung des Glaubensbekenntnisses (a.a.O., 349). Als »Waage der Gerechtigkeit« wird – in einer etwas anderen Verwendung des Bildes – im byzantinischen Stundengebet im Kondakion der Non das Kreuz Christi zwischen den beiden mit Christus gekreuzigten Verbrechern besungen: »Der eine Balken sank hinab in den Hades durch die Schwere der Gotteslästerung; der andere, der Sünde ledig, ward emporgehoben zur Gotteserkenntnis«.

[179] So jedenfalls in den Apostolischen Konstitutionen VII,23,3: Rordorf, Sabbat und Sonntag, a.a.O. (Anm. 173),58.

[180] Vgl. J. A. Jungmann, Der liturgische Wochenzyklus: Zeitschrift für Katholische Theologie 79 (1957), 45–68, hier 48.
[181] Miscellanea III,9: PL 88,130–133, hier 131f.
[182] A.a.O. (Anm. 156), 349.
[183] Zitiert nach A. v. Schirnding, Mythos – Logos – Eros: zur debatte. Themen der Katholischen Akademie in Bayern, 25. Jg. (1995), Nr. 5/6, S. 29–32, hier 30.

Gerhard Voss

Astrologie christlich

3. Aufl., 162 Seiten, kart.
DM 24,80 / sFr 23.– / öS 181,–
ISBN 3-7917-0643-8

„Der Benediktinerpater Gerhard Voss zeigt sehr aufschlußreich und hintergründig eine Verbindung zwischen Astrologie und Christentum, die nachdenkenswert ist. **In kurzen überschaubaren Grundzügen gibt er die Systematik der Astrologie wieder, den Tierkreis, die ‚Häuser‘, die Planeten und ihre Zuordnung. Er läßt die Geschichte zu Wort kommen, zeigt dem Leser sogar, wie er sein eigenes Geburtshoroskop erstellen kann, konfrontiert die Astrologie mit der Heiligen Schrift und deutet das Horoskop der Geburts- und Sterbestunde Jesu …** Das gut lesbare Buch kann durchaus helfen, Klischees zu beseitigen, Vorurteile abzubauen und auf christliche Weise zu der überall ersehnten kosmischen Ehrfurcht und ökologischen Andacht beizutragen.“

Kirchenzeitung, Köln

VERLAG FRIEDRICH PUSTET

Bernhard Sill

Projekt Lebensmitte

Brauchbares Lebenswissen, das wirkliche Lebenshilfe ist

151 Seiten, kart. DM 24,80 / sFr 23.– / öS 181,–

Die Mitte des Lebens ist eine kritische Über-
gangszeit, doch – das macht dieses Buch
deutlich – sie kann durchaus gelingen, mehr
noch, sie kann zu einem Freund des Menschen
werden. – Hilfreich für den Leser: Der Blick in
Zeugnisse aus Dichtung und Literatur, die die
Problematik der Lebensmitte spiegeln, der
Rückgriff auf Gedanken zur „Psycho-Logik" der
Lebensmitte bei C. G. Jung und zur „Theo-
Logik" der Lebensmitte bei Johannes Tauler.
Hier zeigt sich, die Arbeit am „Projekt Lebens-
mitte" lohnt, ein spannendes Kapitel im Buch des
Lebens ist diese Zeit allemal.
Das Buch macht Lust darauf!

Verlag
Friedrich Pustet